スポーツ障害

成長期に起こりやすい障害の早期発見と予防

少年写真新聞社

もくじ

まえがき ··· 4

第1章 スポーツ障害とは ·· 5

スポーツ障害の実態 ·· 6
スポーツ障害って何？

成長期のからだ ·· 8
成長期に起こりやすいスポーツ障害
運動能力の発達
成長速度
成長軟骨（骨端軟骨）
成長痛とは

成長期に起こりやすい骨端症 ··· 12
骨端症のしくみ

リトルリーグショルダー ·· 14
野球肘（内側型） ·· 15
野球肘（外側型） ·· 16
　重症例　離断性骨軟骨炎
オスグッド病 ·· 18
踵骨骨端症（シーバー病） ·· 20

成長後に起こりやすいスポーツ障害 ·· 21
肩のインピンジメント症候群 ·· 21
肩の脱臼 ·· 22
腰椎椎間板ヘルニア ·· 23
膝前十字靭帯損傷 ··· 24
半月板損傷 ··· 25
ジャンパー膝 ·· 26
ランナー膝 ··· 27
足関節捻挫 ··· 28
疲労骨折 ·· 29

①腰椎分離症
　②疲労性骨膜炎（シンスプリント）と疾走型の脛骨疲労骨折
　③跳躍型の脛骨疲労骨折
　④第5中足骨疲労骨折

第2章 スポーツ障害の早期発見 ……………………… 33
スポーツ障害の早期発見のポイント………………………………… 34
①成長速度の確認……………………………………………………… 34
②痛みのある部分に気付く…………………………………………… 35
　全身の圧痛点
③関節や筋肉の柔軟性を知る………………………………………… 41

第3章 スポーツ障害を防ぐトレーニング 47
ウオームアップ前の確認……………………………………………… 48
①基本姿勢……………………………………………………………… 48
②始動姿勢（両足スクワット）……………………………………… 49
③片足立ち……………………………………………………………… 50
④片足スクワット……………………………………………………… 50
上肢のけがや障害の予防……………………………………………… 51
下肢のけがや障害の予防……………………………………………… 52
スポーツ障害を防ぐトレーニングの原則…………………………… 53
　効果的なトレーニング方法
トレーニング後のクーリングダウン………………………………… 57
応急手当の基本 "RICE"……………………………………………… 58
トレーニング復帰の注意……………………………………………… 59
テーピングについて ………………………………………………… 59

骨格と筋肉の名前……………………………………………………… 60
身長・体重発育速度グラフ…………………………………………… 62
さくいん………………………………………………………………… 63

まえがき

「うまくなりたい、強くなりたい、速く走りたい」という思いは、スポーツをする人たちの共通の思いでしょう。この「うまくなる、強くなる」、つまり競技力を向上させるために、ジュニアからシニアまで全てのアスリートが、日々努力しています。

　その土台となる身体（からだ）が、けがや故障（障害）によって思うように動かないとどうなるのでしょうか。当然、良いパフォーマンスが発揮できなくなってしまい、何とか続けても痛みが悪化し、それどころかほかの部位まで痛くなってしまう、という悪循環に陥ります。これは個人だけの問題ではなく、チームスポーツであればチーム力の低下にもつながってしまいます。「良い選手はけがをしない」、といわれますが、逆にけがをしないことが一流選手になる条件ともいえます。

　一方、「トップアスリートでもスポーツ障害に悩まされることがある」というのも事実です。なぜなら、スポーツ障害を恐れるあまり、限られた練習だけを行っていたのでは、競技力の向上が望めないからです。競技力が上がるにつれ、スポーツ障害に陥る危険性も高くなります。そのようなときはどうしたらいいのでしょうか。まずはスポーツ障害が起きたことを早く知ることです。そして早期に元の動きを取り戻せるように努力することです。さらに障害を起こした原因を突き止め、再び同じ障害にならないように工夫することも大切です。逆に障害が残ったままプレーを継続し、障害を悪化させてしまうケースもあります。ジュニア期にこのような悪循環に陥ってしまっては、良い選手になることは難しくなります。

　トップアスリートが躍動している姿は、実に美しいものです。無駄のない究極の動きは、スポーツ障害を寄せつけません。ジュニア期から、自分のからだに合った理想的な動きづくりを目指しましょう。

第1章

スポーツ障害とは

スポーツ障害の実態

・スポーツ障害って何？

　ここでいう「障害」とは、さまざまなアクシデントで生じる強い外力によって急激に起こるけが（外傷）のことではありません。繰り返しの小さな損傷が積み重なって慢性的に発症する「障害」のことです。「〜炎」といわれる炎症や疲労骨折といったものです。

　また、「大きなけが」が完全に治癒しないまま残存した場合も、スポーツ活動の再開や継続により、繰り返し発症するため「障害」として扱います。膝の前十字靭帯断裂後の膝崩れや、繰り返す（反復性）肩の脱臼・亜脱臼などです。

　一般的に、スポーツ活動が生理的な許容範囲内であれば、それぞれの運動器官は好影響を受けて発達し、競技適応力は強化されるはずです。しかし、運動強度（負荷の大きさや時間）が生理的許容範囲を越えるような場合には、障害が発生しやすくなります。このことは逆に、生理的許容範囲が狭いと障害が起きやすくなることの理由にもなります。成長期は、まさにこのような時期に当たるのです（図１）。

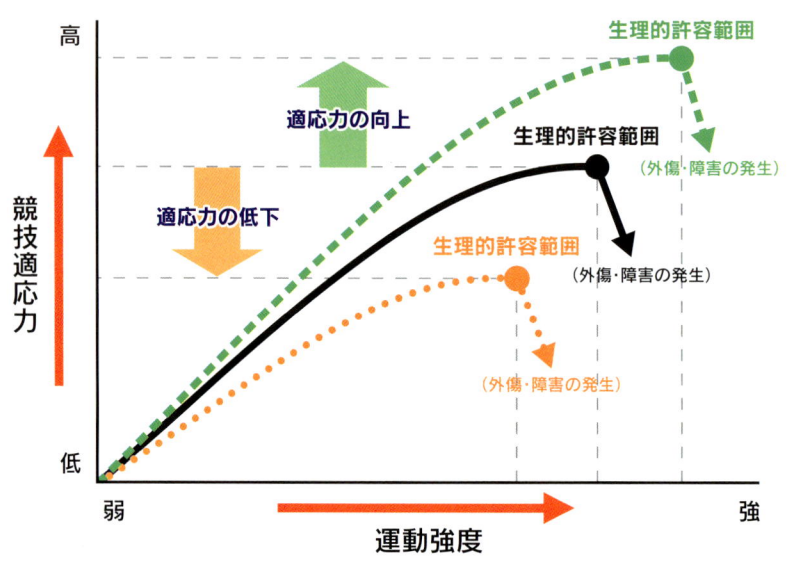

図１　競技適応力とスポーツ外傷・障害の発生

ここで実際にジュニアスポーツにおけるスポーツ外傷・障害の現状をみてみましょう。ただし、残念ながらスポーツ障害のみを扱った全国的な統計はないので、けがも含めた学校管理下における負傷のデータを紹介します。

　平成22年度における熱中症を含めた全体の負傷件数は約105万件で、登録学生数からみた発生率は約8％でした。つまり1年間に12人に1人の児童生徒が何らかの負傷をしています。図2は各学校における負傷の部位別発生頻度です。小学生では、頭部・顔部や上肢の割合が多く、中学生になると頭部・顔部の割合が減り、代わりに下肢の負傷が増えてきます。高校生ではさらに上肢の割合が減り、下肢の負傷が40％を超えてきます。ここ数年はいずれも同様の傾向にあります。

　このように、部活動を中心として、中学、高校へと進むにつれ、下肢のスポーツ外傷・障害の割合が増えていることに注目してください。

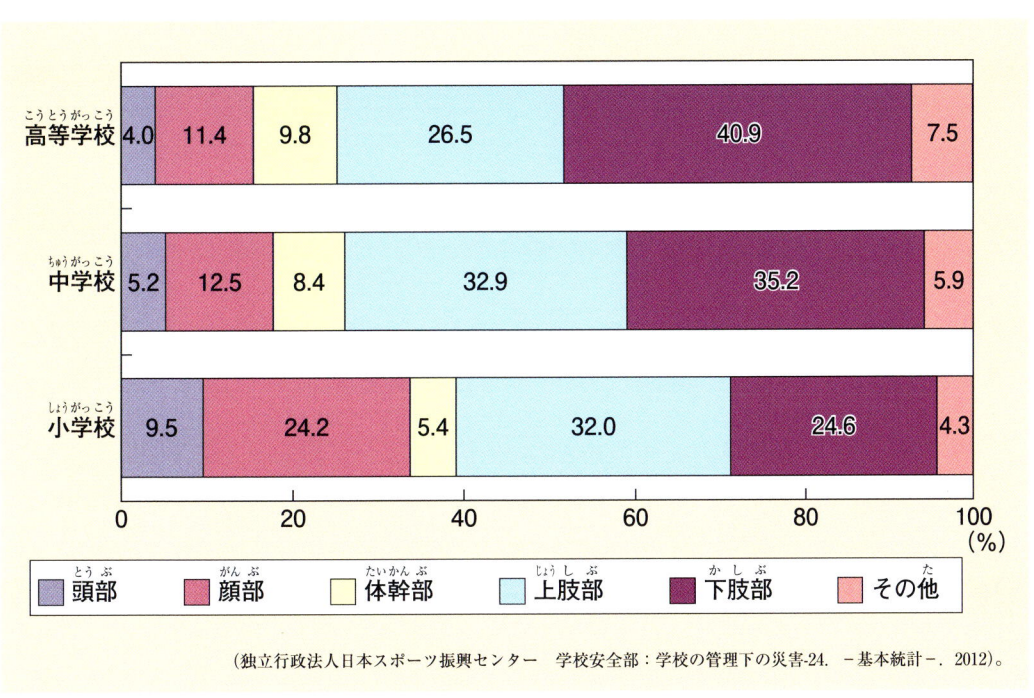

(独立行政法人日本スポーツ振興センター　学校安全部：学校の管理下の災害-24.－基本統計－. 2012)。

図2　各学校における負傷の部位別発生頻度

成長期のからだ

・成長期に起こりやすいスポーツ障害

　前に述べたように、成長期にあるスポーツ選手は、成人に比べて競技適応力が低く、身体器官の生理的許容範囲が狭いため、スポーツ障害に陥りやすくなります（図1）。特に成長期の特徴ともいえる成長軟骨に障害が起こります。この成長軟骨は、手足の関節に近いところ（骨のはし、骨端）にあり、骨の長さの成長をつかさどる一方で、運動による負荷によって傷つきやすいという特徴があります。

　図3に、成長期に起こりやすい代表的なスポーツ障害（骨端症）を挙げました。肩の痛みを誘発するリトルリーグショルダー、肘の内側あるいは外側に痛みを感じる野球肘の内側型と外側型、膝の痛みを訴えるオスグッド病、そして足の踵の痛みを起こす踵骨骨端症（シーバー病）などがあります。

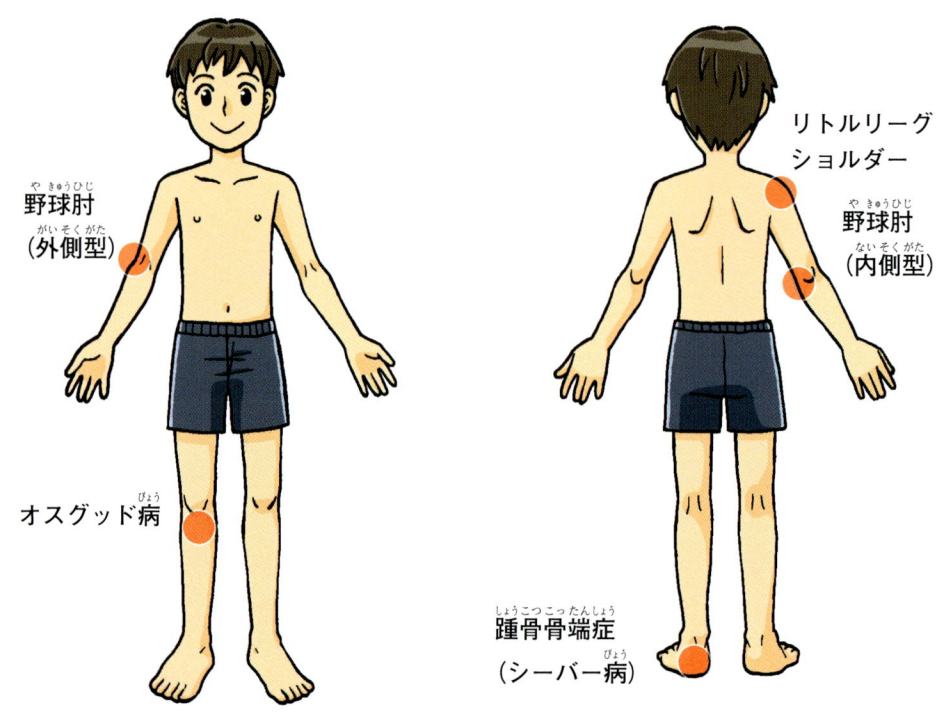

図3　成長期に起こりやすい骨端線の障害

・運動能力の発達

　これらのスポーツ障害が起こりやすい原因には、成長期が運動能力の発達過程にあることも関係しています。

　図4は、それぞれの運動能力が獲得される時期のピークを示している有名なグラフです。動作の習得から粘り強さへ、そして身長（骨格系）の後に力強さ（筋）のピークがきます。それぞれのピークを迎える時期については個人差がありますが、順番は変わりません。

　特に身長の伸びのピークは、筋力のピークより必ず前にあります。つまり、身長がよく伸びている時期には、まだ筋力はつきにくいということです。このことは、ジュニア期のトレーニングを考える上で非常に重要なことです。

　もし、身長の伸びがピークを迎える前に、筋力をつけようとしたらどうなるのでしょうか。わざわざ成長軟骨部に負担をかけ、傷つけることになります。

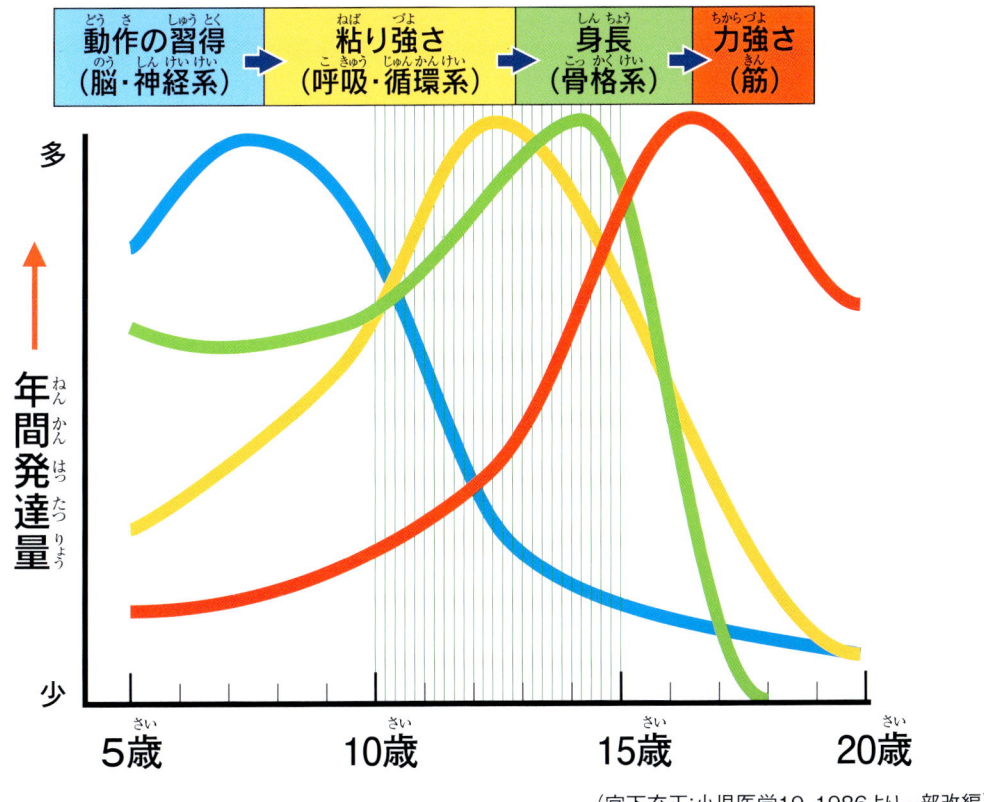

図4　スポーツに必要な能力の発達

・成長速度

　では身長の伸びのピークを知るには、どうしたらいいのでしょうか。
　図5はあるジュニア選手の身長を記録したグラフです。毎年4月と9月に行われる健康診断の結果を記入したものです。一見すると、ほぼ毎年同様の割合で身長が伸びているように見えます。
　これを1か月間に伸びた長さ（成長速度）でみたものが図6です。例えば、小学校1年生の4月から9月の5か月間に、120.0cmから122.5cmと2.5cm伸びています。つまり1か月あたり5mm（25mm÷5）伸びていることになります。この選手は、小学校6年生の4月から9月にかけて1か月で10mm、つまり1cmも身長が伸びています。
　このように成長速度が速くなる時期（二次性徴期）は、個人差はありますが、男子では11歳ごろから、女子ではそれより早い10歳ごろから始まります。身長（骨）が急激に伸びると、筋肉の発育（伸び）が追いつかず、その結果、筋の柔軟性が低下し、からだが硬くなります。また伸びている成長軟骨に負担がかかりやすくなります。

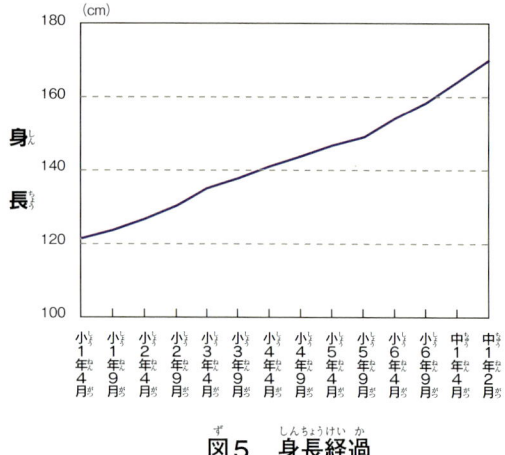

図5　身長経過

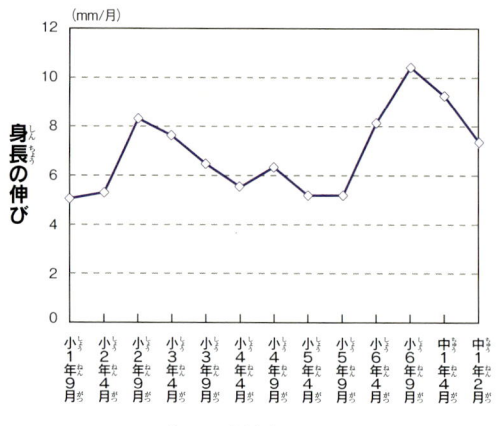

図6　身長の伸び経過

・成長軟骨（骨端軟骨）

　ここで、成長軟骨についてもう一度触れておきましょう。成長軟骨は、骨端軟骨ともいって、手足の関節に近いところ（骨端）にあり、骨の長さの成長をつかさどります。これには成長ホルモンやビタミンなどが関係しており、生活習慣とも深く関係しています。成長ホルモンは寝ている間に分泌されるので、「寝る子は育つ」とはまさにそのとおりです。

　この成長軟骨のある骨端には、手足の筋肉が付着しており、運動時には筋の収縮によって関節を動かすための起点ともなります。しかし、成長して骨となった部分に比べると、この軟骨部分はそれほど強くありません。繰り返し引っ張られたり、ねじられたりすると、内部に傷がつき、やがて周りから剥がれていきます。特に「ねじれ」に対しては、押されても引っ張られても、成長軟骨部の抵抗力は弱いのです。だから、投げる動作や蹴る動作などがうまく習得できていないまま繰り返して行われると、成長軟骨部は簡単に傷ついてしまいます。

・成長痛とは

　いわゆる「成長痛」と呼ばれるものは、この成長軟骨が発する悲鳴のようなものです。図7のように骨は成長軟骨部で縦方向に伸び、これによって手足や身長が伸びていきます。この骨の成長が活発な時期に、大きな力を出そうとすると、筋は骨の成長方向とは逆方向に収縮しようとして、付着する部分の成長軟骨部を強く引っ張ることになります。それが繰り返されると成長軟骨部に亀裂が生じ、剥がされるのです。

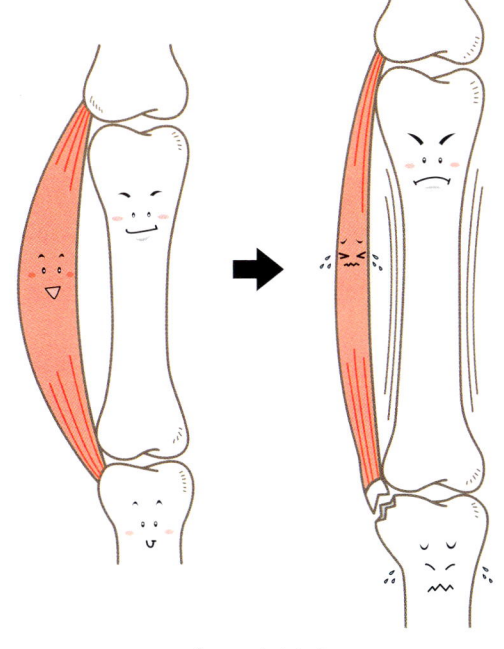

図7　成長痛

リトルリーグショルダー

起こりやすい種目
野球、テニス、バレーボール

　リトルリーグショルダーは、文字通りリトルリーグの選手、特に投手に起こりやすい、上腕骨の肩に近いところの骨端症です。もちろん、リトルリーガーではなくても、投球に似た動作をするスポーツ選手にもみられます。

　この部分はねじれに弱いため、間違った投球動作によって骨端線にねじれの負荷がかかり損傷されます。下の図のレントゲン写真では、右の正常の骨端線に比べ、左は骨端線の外側が開いていて、一部に小さな骨のかけら（骨片）がみえます。

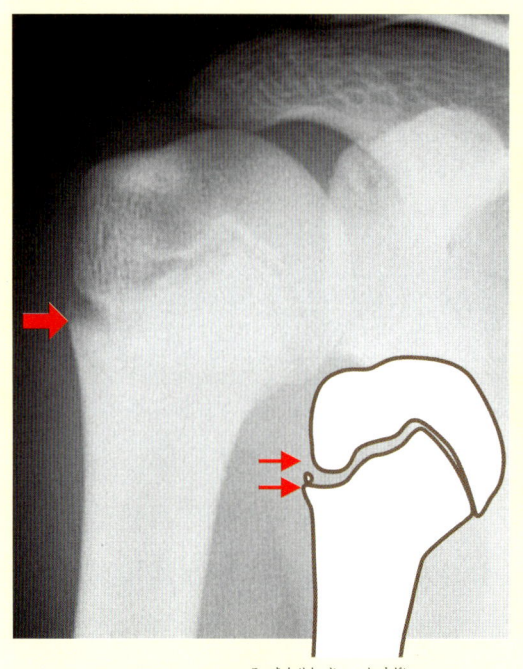

ねじれによる骨端線部の障害

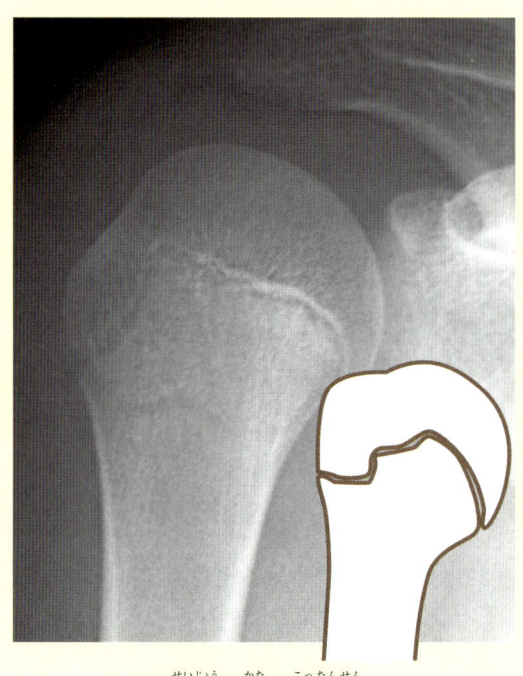

正常な肩の骨端線

　治療は、ただちに投球動作を中止することです。これは休み時間や体育のボール投げも含めてのことで、特にドッジボールは厳禁です。日常動作や肩のストレッチで痛みがなくなったら、シャドーピッチングから再開し、まず投球フォームの点検を行います。肘が下がっていないかどうか、腕がしっかりと振れているかどうか、重心の移動が十分であるかどうかなどを確認したら、短い距離のキャッチボールから再開します。予防はフォームのチェックとフォームにみあった投球数の設定です。

野球肘（内側型）

起こりやすい種目
野球、テニス

　肘の内側部にある骨端軟骨は、小学校高学年から中学生にかけて成長します。この時期に、偏った（たとえば肘が下がった）フォームで投げると、付着している靭帯とともに骨端部が強く引っ張られます。図12の症例では、右肘のレントゲン写真（イラスト）で内側の骨端核の下方に亀裂がみられました。1か月間の投球禁止とし、右肘が完全に伸び、ストレッチをしても痛みがなくなってから再開しました。

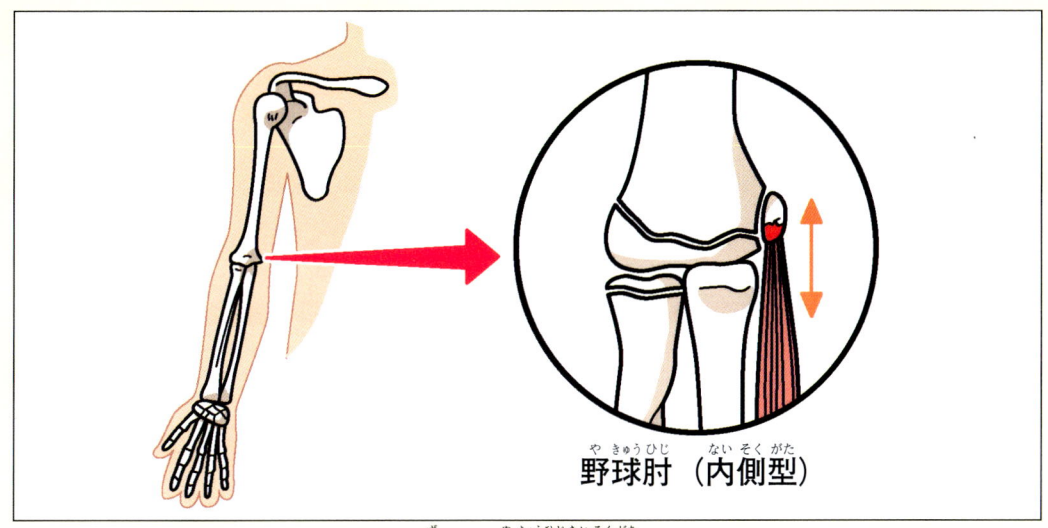

図12　野球肘内側型

　痛みを我慢したまま投球を続けた場合には、亀裂を起こした部分が小さい骨片として孤立し、その周囲に炎症を起こして痛みを誘発するようになります。下のレントゲン写真は成人の症例ですが、右肘の内側に小さな骨片が複数みられます。これらの骨片は成長軟骨の亀裂によって生じたものです。痛みばかりでなく、内側の靭帯にもゆるみがみられ、手術にて小骨片の摘出と、靭帯の再建術という大がかりな手術が必要でした。

　このような後遺症が出ないように、野球肘は成長期の段階でしっかりと治しておくべきです。また同時に、原因となりやすい投球フォームも改善しましょう。

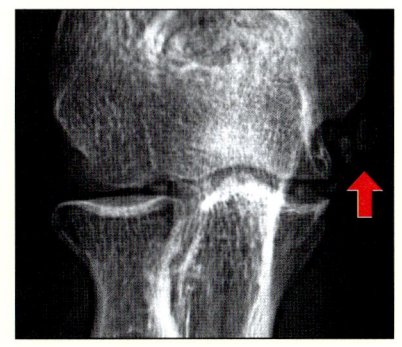

野球肘内側型の後遺症

野球肘（外側型）

起こりやすい種目
野球、体操、卓球

　年齢的には野球肘の内側型にやや遅れて、中学生を中心に肘の外側部（手のひらを前にして立ったときの外側）にも骨端症が起こります。これは、肘の外側に強い圧迫やねじれの力が加わって生じます。下の症例では、右肘関節の外側を形成する上腕骨の骨端核は、すでに骨化が進んでいますが、関節表面は丸みが無くなってへこんでいます。これを縦に割ったMRI（肘の側面像）でみると、関節に近い骨の表面が剥がれそうになっています。圧迫やねじれにより、成長軟骨の骨化が障害されたために、このような像になりました。

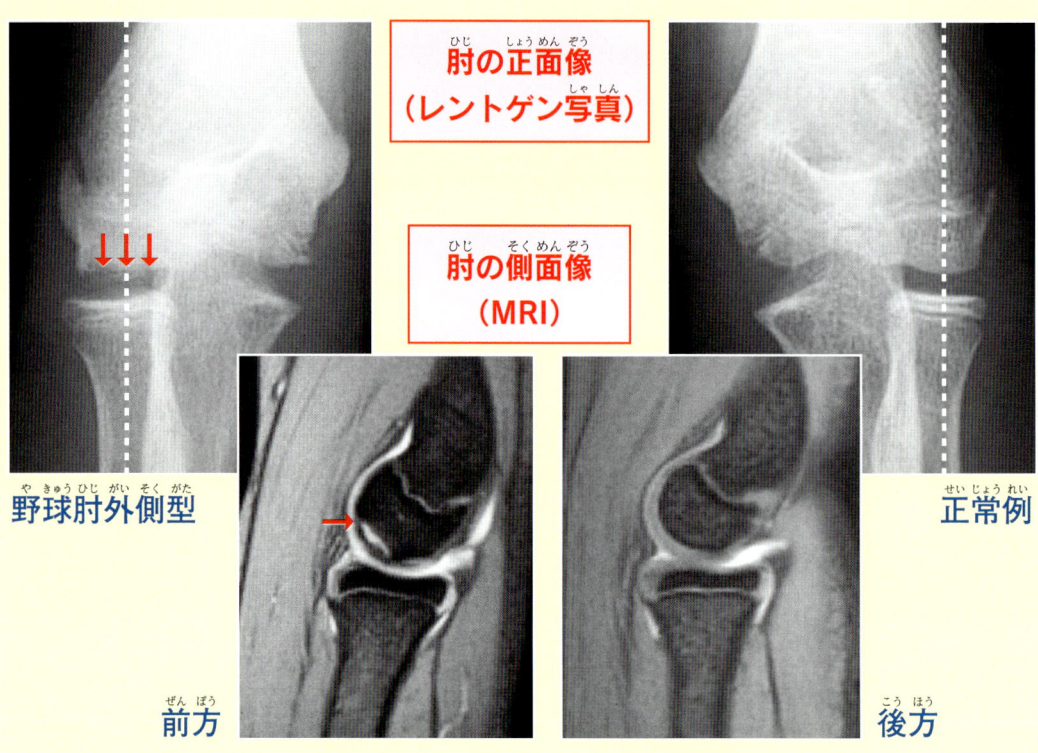

肘の正面像（レントゲン写真）
肘の側面像（MRI）
野球肘外側型 ／ 正常例
前方 ／ 後方

　この症例では、肘の伸びが悪く、練習ができない期間は6か月に及びました。それでも6か月後には肘も完全に伸び、骨端核の左右差が無くなったため、投球練習を再開することができました。このように野球肘の外側型は、内側型に比べて治療に時間がかかるので、まずは早期に気付くことが大切です。予防法は内側型と同じように、偏った投球フォームのまま数多く投げないことです。まずは正しいフォームを身につけましょう。

・重症例　離断性骨軟骨炎

　野球肘の外側型でも、痛みを我慢して投球を続けていると、やがて障害を受けた骨端軟骨部が剥がれて遊離します。これを離断性骨軟骨炎といいます。遊離したかけら（骨軟骨片）は、大きさによっては関節内を動き回り、いわゆる"関節ねずみ"となります。図13の左下のイラストは、骨端線が閉じた後の症例で、肘の外側の骨が剥がれています。さらに関節内には、遊離した骨軟骨片が2つ存在しています。

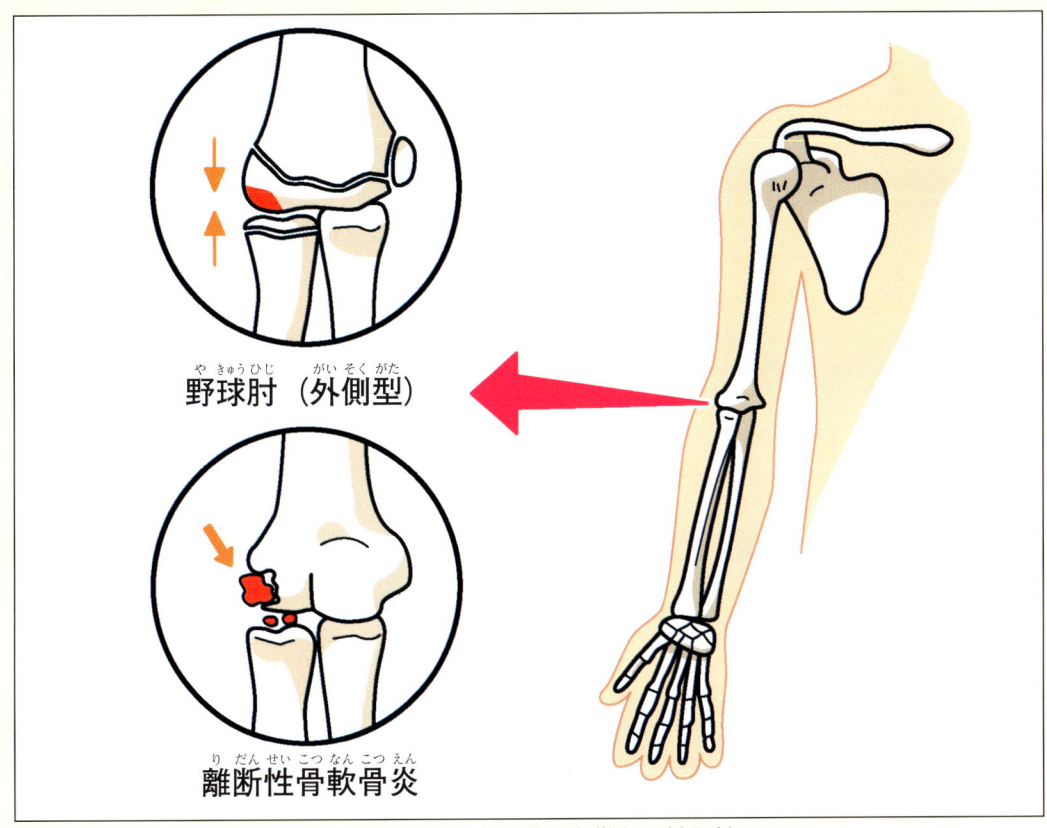

図13　野球肘外側型と離断性骨軟骨炎

関節ねずみについて

　「関節ねずみ」は、動き回るだけならいいのですが、関節の間に挟まれたままで引っかかってしまうと、急な肘の動きによって、強く圧迫されて激痛を起こします。さらに正常な関節軟骨部までも傷つけてしまい、新たな損傷を引き起こすことになります。こうなってしまうと、手術で取り除くしかありません。

オスグッド病

起こりやすい種目
サッカー、バスケットボール、バレーボール

　図14は、オスグッド病の発生をイラストにしたものです。膝関節の土台の骨である脛骨の骨端部分を、縦に割って横からみた図です。正常の成長過程では（上段）、赤い矢印で示した膝蓋腱に引っ張られても成長軟骨部（ピンク色の部分）は正常に骨端核を形成し、やがて全体に骨化します。しかしオスグッド病（下段）では、成長軟骨部に亀裂が生じ、それが本体と離れ孤立して骨化してしまいます。

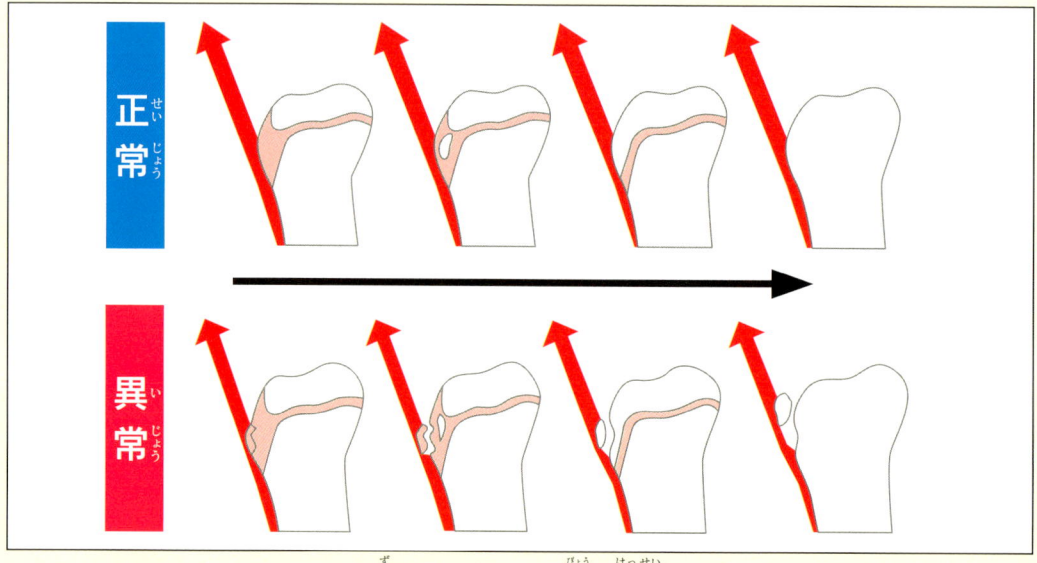

図14　オスグッド病の発生

　下の写真は、左膝のオスグッド病の症例です。右膝に比べて左膝の脛骨の一部（脛骨粗面）が出っ張っているのがわかります。

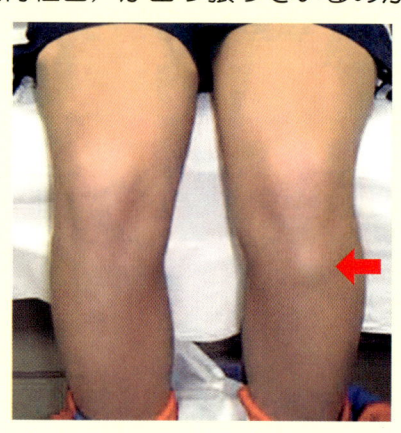
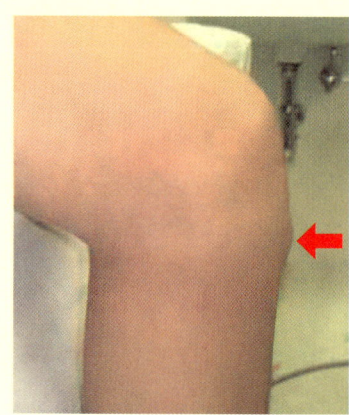

下の写真は、オスグッド病を抱えたままバスケットボールを続けた症例のMRIです。脛骨粗面から剥がれて大きくなった骨片（➡）がみられます。骨片は本体の部分とぶつかり合って炎症（白い部分）を引き起こすため、痛みが持続します。

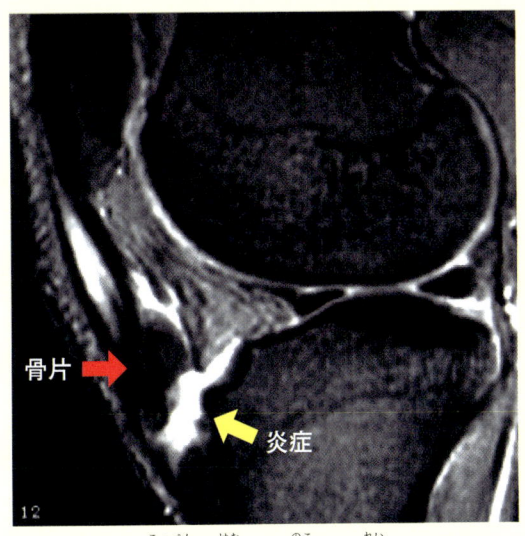
骨片が離れて残った例

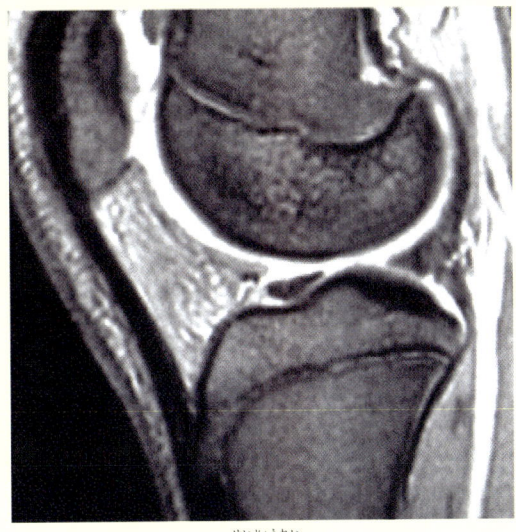
正常例

図15は、典型的なオスグッド病症例における身長の伸びの経過をグラフにしたものです。この症例では、小学校5年生の9月から6年生の9月にかけて成長の伸び率（成長速度）がピークを迎え、膝の痛みを訴え始めたのが6年生になってから（図15の⬆の時期）でした。この例からも、身長の伸びが大きくなったときにオスグッド病が発生しやすいことがわかります。痛みに早く気付くことと、大腿前面の筋の柔軟性を維持していくことが大切です。

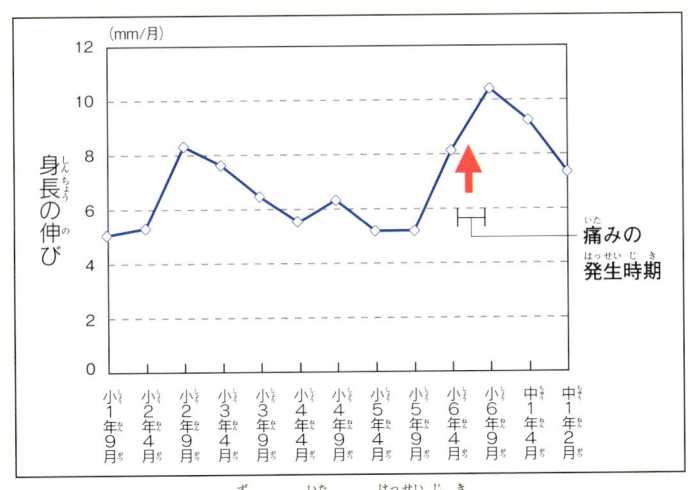
図15　痛みの発生時期

踵骨骨端症（シーバー病）

起こりやすい種目
サッカー、体操

写真は10歳の男子のサッカー選手の症例です。数か月前から、走っていて左の踵の痛みを感じ始め、改善しないために病院を受診しました。この時期の踵の骨端部は、正常例ではきれいな三日月状の骨端核になっています。しかしこの症例では、骨端核に亀裂が生じています。好発年齢は、オスグッド病よりやや早く、9歳から10歳です。踵の成長軟骨がアキレス腱に引っ張られて発症します。

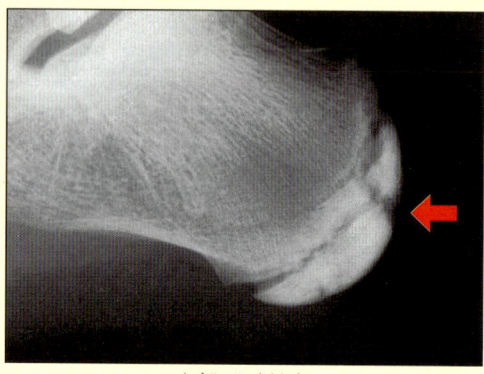

踵骨骨端症

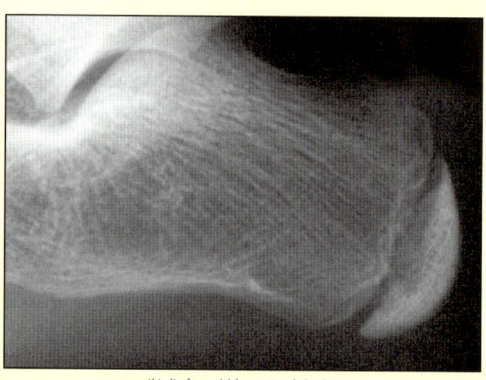

正常な踵の骨端部

治療は、ほかの骨端症と同様に痛みを起こす動作の禁止です。オスグッド病ほど後遺症の可能性は少ないのですが、痛みのある期間は走らないことです。予防には、アキレス腱につながる、ふくらはぎの筋をよくストレッチしましょう。また引っ張り力に加え、ねじれが加わっていることが考えられます。足のアーチが落ちていること（扁平足）も原因の一つになるので、タオルギャザー運動も心がけましょう。

➡ タオルギャザー運動 p.56

成長後に起こりやすいスポーツ障害

　ここからは、成長が一段落して大人のからだに近くなった中高校生に起こりやすいスポーツ障害について触れてみます。
　中でも多いのが、いわゆる"使い過ぎ"による障害です。使い過ぎといっても、必ずしも練習量の多さだけを示しているわけではありません。使い方が偏っていると、同じ練習量でも障害を起こしやすくなります。また脱臼や靭帯損傷のようなけがの後遺症としてのスポーツ障害もあります。

肩のインピンジメント症候群

起こりやすい種目
野球、水泳、バレーボール、テニス

　腕を挙げたり回したりする肩の腱板という組織が、周囲の骨や靭帯と衝突(インピンジメント)を繰り返して損傷した結果起こる、痛みを中心とした症状のことです。通常ではぶつからないのに、使い過ぎや偏った動きによって、徐々に肩の関節にぶれが生じることでぶつかるようになるのです。野球の投球、水泳のクロールやバタフライ、バレーボールのスパイク、テニスのサーブやスマッシュなどの動作で起こります。

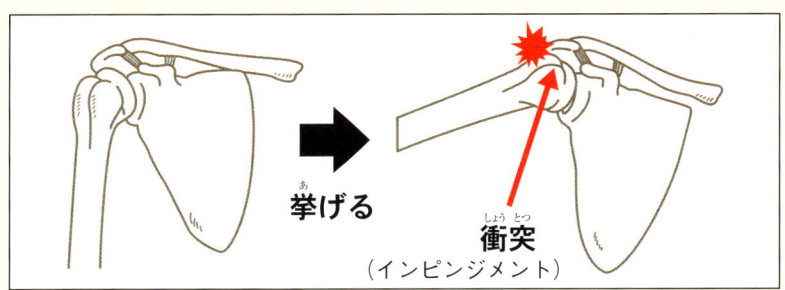

図16　肩のインピンジメント

　治療は、痛みを起こす動作を制限することです。その一方で、原因となった肩の動きを改善していく必要があります。肩の筋群には、大きな力を発揮する三角筋や大胸筋などと、関節の安定化に働くインナーマッスルがあります。インナーマッスルは腱板を構成する筋群でもあり、この強化が治療だけではなく予防に対しても有効です。

肩の脱臼

起こりやすい種目
ラグビー、柔道

「肩の脱臼は、くせになりやすい」といわれます。これは初めて脱臼した際に、関節の一部が壊され、修復できない状態のままになってしまうために起こります。それでも初回が完全脱臼であれば慎重に治療されますが、はずれた感じがあってもすぐに戻ってしまう亜脱臼では、痛みなどの症状が軽度なため、早期に復帰してしまい再発することを繰り返すようです。

下の写真は、肩の関節を横断してみたMRIです。○で囲った部分が関節の受け皿の部分ですが、正常と比べると欠けてしまっています。関節鏡でみても欠けた軟骨部がよくわかります。さらに補強している靱帯もゆるんでしまい、脱臼しやすくなります。このような状態を、反復性肩関節脱臼と呼びます。

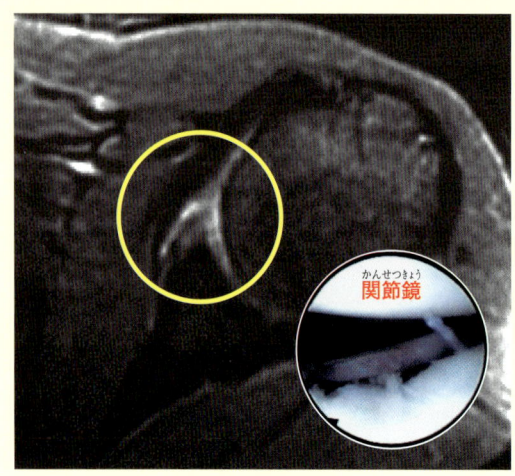
反復性肩関節脱臼

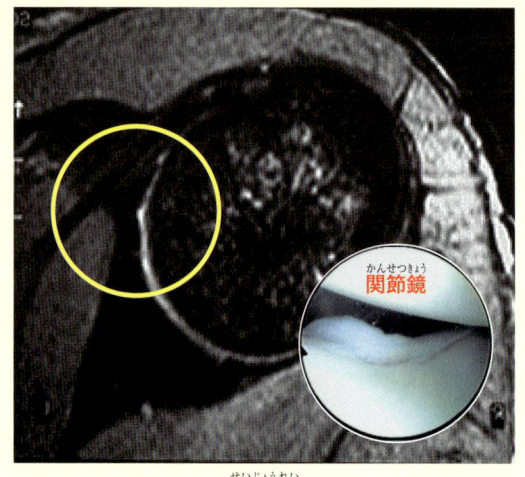
正常例

治療はまず、初回の脱臼、亜脱臼時に安易に復帰しないことです。専門医を受診の上、関節の損傷具合を確認し、一定の固定期間と、それに続くリハビリテーションが重要です。特に20歳以下の脱臼・亜脱臼は反復性になりやすいことが指摘されています。

予防としては、肩の周囲の筋力を強化することも大切ですが、脱臼が起こりやすい場面や動きを知り、その対応策を立てることです。例えばラグビーのタックル動作では、腕だけでいかずにからだを寄せることなどです。

腰椎椎間板ヘルニア

起こりやすい種目
野球、水泳、柔道

　椎間板ヘルニアとは、椎間板が本来の位置（上下の椎体間）から後方に飛び出したことによる障害のことです。腰椎では4番目と5番目の間で起こりやすく、頸椎でも起こります。椎間板は本来、何層もの硬い皮（線維輪）の中に、軟らかいゼリー状の組織（髄核）を入れており、脊椎間のクッションの働きをしています。椎間板にかかる圧力は、特に腰を前にかがめる前屈動作で高まり、髄核を後方へ押し出そうとします。もし線維輪が傷つき破れると、中から髄核が飛び出し、近くにある神経を圧迫します。典型的な症状には、急激な腰痛と、足先にまで放散する鋭い痛みがあります。神経の圧迫が強いと、下肢の筋力が落ち、感覚が鈍くなることもあります。

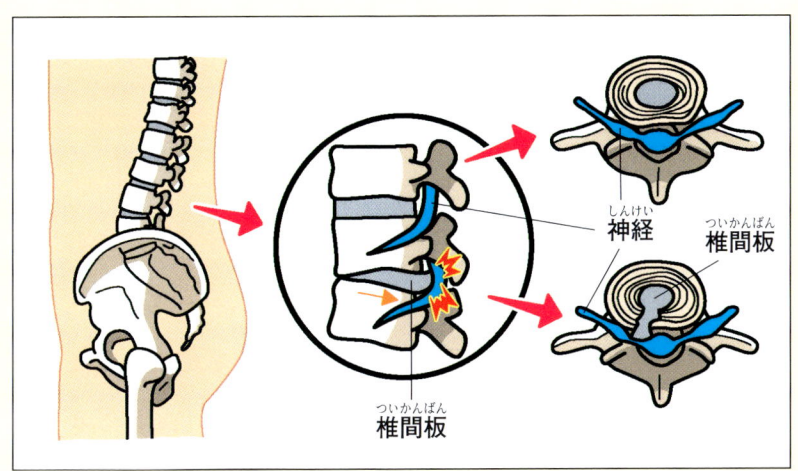

図17　腰椎椎間板ヘルニア

　急激な発症時には、椎間板に負荷をかけないよう、寝そべって安静にします。腰痛が軽減したら、腰椎をなるべく動かさないように、場合によってはコルセットも利用します。立位よりも座位の方が椎間板の圧が高まるので、ソファや地べたに座らないことです。腰椎は本来、ねじれにくい構造をしていますが、からだのねじれに大きく働いている股関節の動きが悪くなると、腰椎がねじれを強制されて傷つきやすくなります。したがって、腰椎がねじれないように固定し、股関節を動かすことが腰痛対策には重要です。これは後に述べる腰椎分離症も同様です。

➡ 腰椎分離症 p.30

膝前十字靭帯損傷

起こりやすい種目
バスケットボール、柔道、ラグビー

　膝の前十字靭帯は、膝を構成する大腿骨と脛骨をつないでいる重要な靭帯です。しかし、膝が伸びすぎたり、膝をひねったりすると切れてしまいます（図18左）。接触プレーのほか、ジャンプの着地、走っていてのストップや切り返し動作などで起こります。特に、重心が後方に残ったまま、着地や切り返しを行うと、膝にかかる力のバランスが崩れて損傷します（図18右下）。前十字靭帯は関節内を走っているため、一度切れるとつながりにくく、ゆるみが残ります。そのまま復帰すると、"膝崩れ"を繰り返します。

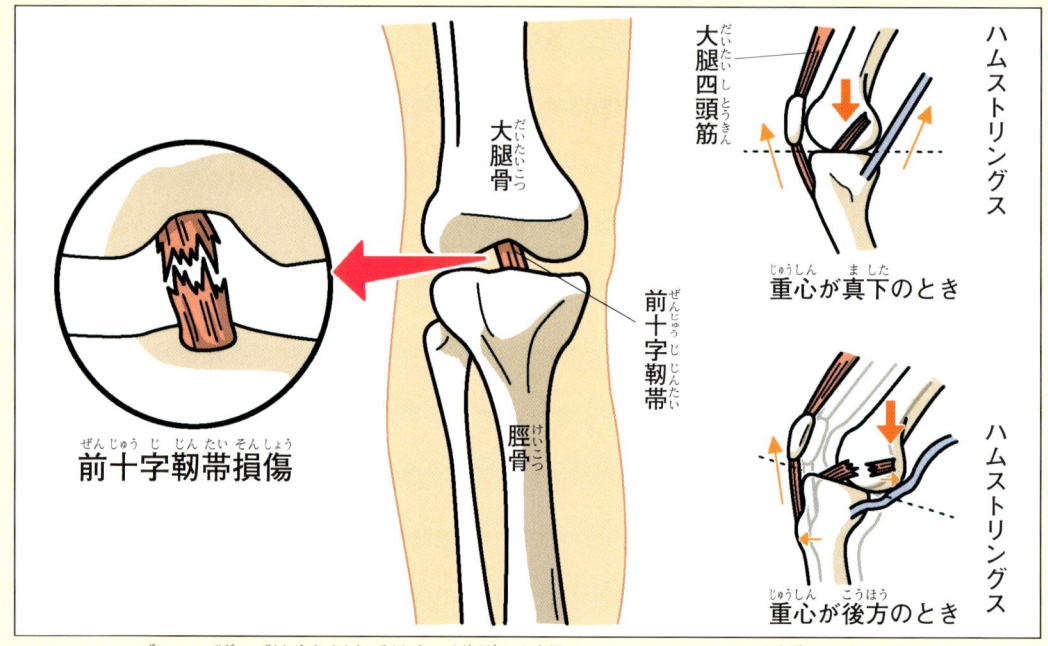

図18　膝の前十字靭帯損傷（右膝を正面からみたところ、右図は側面像）

　治療は、まれに自然治癒が期待できることがありますが、多くは手術による靭帯の作り直しが必要です。その場合、スポーツの復帰は6か月以降と、非常に時間がかかります。完全に防ぐことはできませんが、受傷しやすい動作でのポイントを押さえることで減らすことはできます。ジャンプの着地の際、後方に倒れそうになったときには、無理にこらえずに尻もちをついてしまうことです。また、ストップ動作やステップの際にも重心を後ろに残さないで、つま先でコントロールできるようにすることです。

半月板損傷

起こりやすい種目
サッカー、バスケットボール、バレーボール

半月板は、膝関節のクッションであり、また膝の動きを滑らかにする働きがあります。図19の左は、右膝を上からみたものです。

半月板の損傷は、一度のけがで起こるより、偏りやねじれによる繰り返しの負荷により、徐々に亀裂が入って起こることが多いようです（図19左の点線部分）。中には亀裂の入った部分がひっくり返って、はまり込んでしまうこともあります（図19右）。そうすると、痛みとともに膝が伸びなくなってしまいます。

内側半月板損傷は、前十字靭帯損傷と一緒に生じることもあり、あるいは前十字靭帯損傷後に膝のゆるみが残ったままプレーを続けていると起こることがあります。

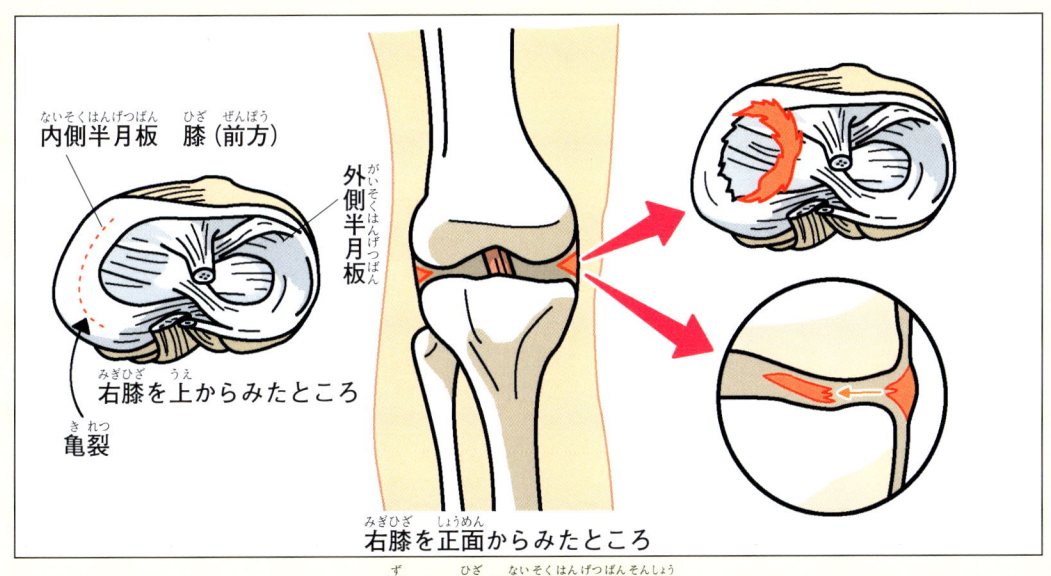

図19　膝の内側半月板損傷

明らかに亀裂が入った場合には、関節鏡を用いた手術にて縫ったり、削ったりしなければなりません。亀裂がわずかであれば自然治癒の見込みがありますが、時間がかかります。完全に治癒するまでは、膝のねじれを起こさないような工夫が必要です。予防としては、足への体重のかけ方が偏らないよう、後で述べる基本的なスクワット動作などを運動前に確認することが大切です。

➡ 両足スクワット p.49、片足スクワット p.50

ジャンパー膝

起こりやすい種目
バレーボール、バスケットボール、陸上競技跳躍系

　ジャンパー膝とは、文字通りジャンプ動作で、膝のお皿（膝蓋骨）の上または下に痛みを感じるものです。図20の左は、典型的なジャンパー膝のイラストで、膝蓋骨の下端と膝蓋腱とのつなぎ目の部分に炎症（膝蓋腱炎）を起こします。

　大腿前面の筋の引っ張りに膝のねじれが加わり、これを繰り返すことによって生じるものと思われます。ジャンパー膝はオスグッド病と同じ原因で起こり、発症の時期が異なるだけなのです。図20の右はオスグッド病の遺残症のイラストですが、剥がれて孤立した軟骨部が骨となって本体の部分とこすれ合って炎症を起こします。このように、成長が完成する前には成長軟骨部に、成長が終わった後には膝蓋腱のお皿の付け根に、それぞれ偏りによる障害が起こりやすいのです。

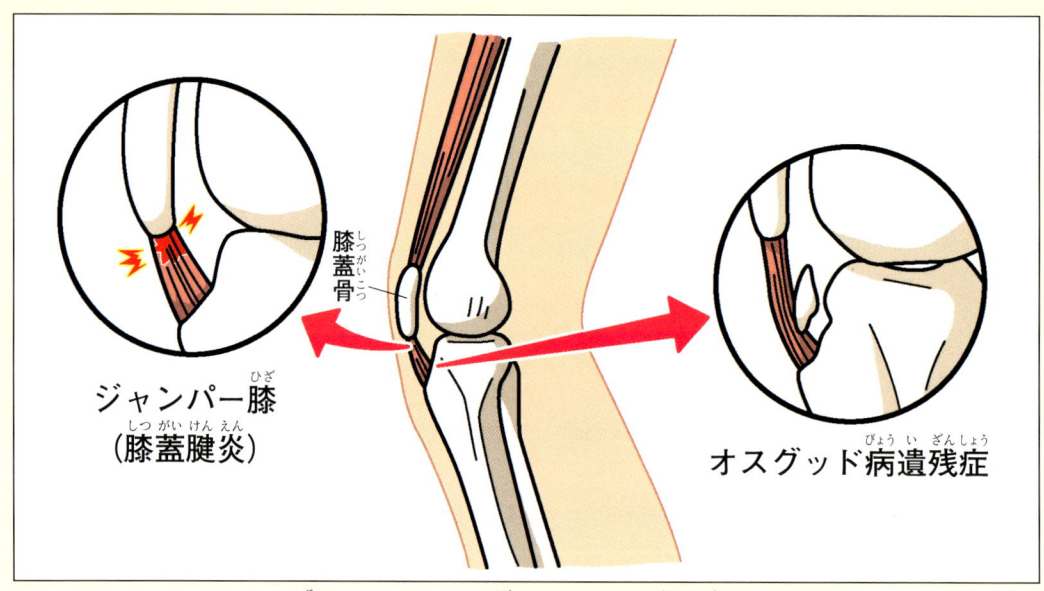

図20　ジャンパー膝とオスグッド病遺残症

　治療はジャンプ動作の制限です。特にジャンプするときや着地の際に、膝のねじれが入るような動きは厳禁です。原因は接地する足や股関節から上の動きの偏りによるものであり、後で述べる両脚や片脚のスクワット動作などで十分に確認しましょう。また大腿前面の筋の硬さは原因のひとつとなるので、運動前後によくストレッチをしましょう。

ランナー膝

起こりやすい種目　陸上競技長距離走

　ランナー膝は、ランニング動作で膝の外側や内側に痛みを感じるものです。図21左は、腸脛靱帯という大腿外側にある靱帯が、①の部分で大腿骨外側の下方にある隆起（外側上顆）とこすれあい、両者の間にある滑液包という袋が腫れて痛み（腸脛靱帯炎）を起こします。②の内側では、大腿の内側や後ろから膝の前内側に回り込んでくる鵞足という腱の部分が、脛骨内側の上方にある隆起（内側顆）とこすれあって、滑液包炎（鵞足炎）を起こします。図21の右は、膝の屈伸で腸脛靱帯と大腿骨外側上顆がこすれ合うところを外側からみたイラストです。

　本来、こすれやすい場所に滑液包が存在しますが、こすれが強く繰り返されるために炎症を起こします。その原因は、ランニング動作中の接地から地面を蹴るまでの間に起こる膝の屈伸動作に、たわみやねじれが加わるためと思われます。

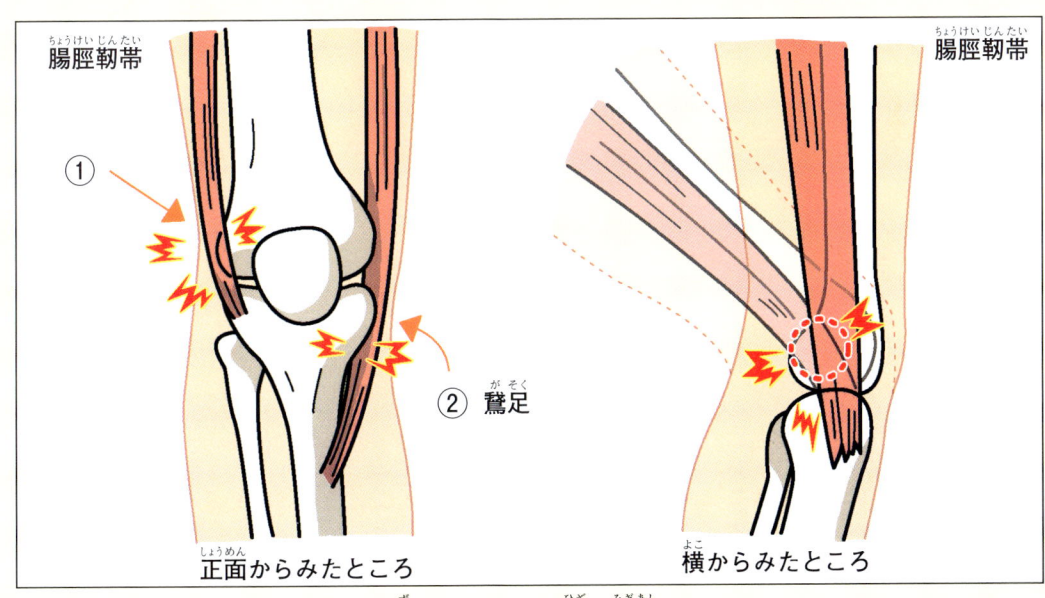

図21　ランナー膝（右足）

　治療はランニング動作の制限です。接地する足や股関節から上の動きによるねじれに注意しましょう。後で述べる両足や片足のスクワット動作などで十分に確認しましょう。

➡ 両足スクワット p.49、片足スクワット p.50

足関節捻挫

起こりやすい種目
サッカー、バスケットボール、バレーボール

足関節捻挫は、あらゆるスポーツ種目を通じて最も多いけがのひとつです。中でも着地や切り返し動作中に起こる内反捻挫（足の裏が内側に向くようにひねる）がよく起こります。図22の左は、その場合に痛めやすい外側の靭帯損傷のイラストです。これらの外側の靭帯は引っ張られて損傷し、その程度によって腫れや痛みが変わります。直後に腫れるようなら靭帯の完全断裂を疑います。

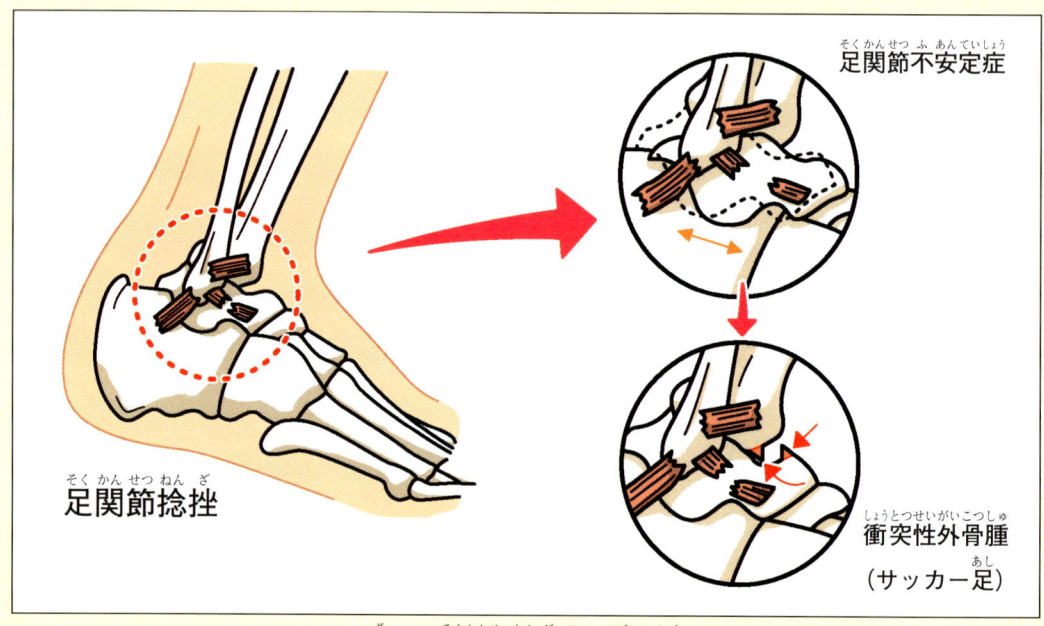

図22　足関節捻挫後の後遺症

よくあるけがなのでついつい軽視されがちですが、まずは腫れが引き、関節の動きが反対側と同じようになり、基本的な動きが痛みなくできるようになるまでリハビリテーションをしましょう。ゆるみが残ってしまうと、動きのたびに前後や左右に関節がずれてしまい、本来ぶつからない部分がぶつかってしまい、痛みや不安感を起こします（図22右上）。これに対して体は、ゆるみを止めようと骨の棘を作っていきます。これが衝突性外骨腫で、サッカー足ともいわれます（図22右下）。また内反やねじれを繰り返すことで、距骨に離断性骨軟骨炎を起こしてしまうこともあります。

疲労骨折

　いわゆる"疲労骨折"とは、骨の一部に負荷が集中して（偏って）生じる骨折様の変化です。疲労骨折は、さまざまなスポーツ種目において、さまざまな部位、特に体重を支える腰部や下肢の骨に起こります。

　図23のイラストは、構造上たわみを持った骨に、繰り返し強い縦方向（長軸方向）の圧迫が加わったと想定したときのものです。正常では、たわみのへこんだ側には強い圧迫力が加わるので、骨を作ろうとします。反対にたわみの膨らんだ側では、引っ張る力が働き、骨を吸収しようとします。これにねじれの刺激が加わると、引っ張りの最も強いところに水平方向の骨の吸収が起こります。これが跳躍型の疲労骨折です。

　それでは代表的な腰部や下肢の疲労骨折を紹介します。

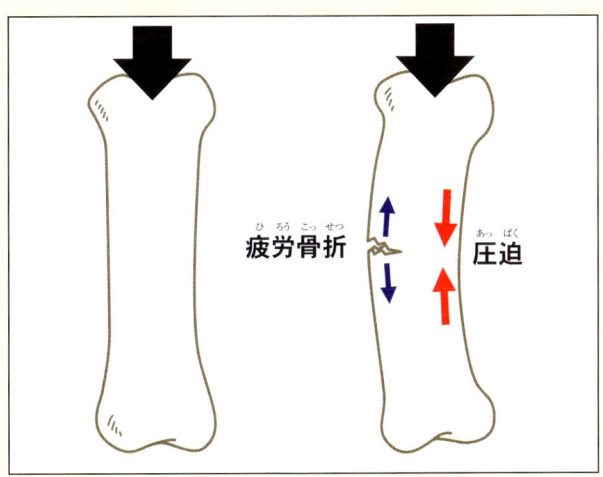

図23　骨のたわみと疲労骨折

疲労骨折が起こりやすい部位とスポーツ種目

①腰部（腰椎分離症）：**野球、サッカー、テニス、バレーボール**
②脛（シンスプリント、疾走型の脛骨疲労骨折）：**陸上競技疾走系**
③脛（跳躍型の脛骨疲労骨折）：**バレーボール、陸上競技跳躍系**
④足（第5中足骨疲労骨折）：**サッカー**

①腰椎分離症

　体幹を後ろに反らす動作では、腰椎の後方にある関節（椎間関節）は圧迫されます。これにひねる動作が加わることにより、椎間関節と前方の椎体とをつなぐ椎弓部にたわみの力が働きます。その結果として、椎弓部に亀裂（疲労骨折）が生じます。そのままプレーを続行してしまうと、図24のように、椎弓が完全に分離してしまいます。これが腰椎分離症で、腰をひねって反らす動きで腰痛が誘発されます。サッカーのシュートやヘディング、バレーボールのスパイク、テニスのサーブやスマッシュ、野球の投球やスイングなど、さまざまな動作で起こります。

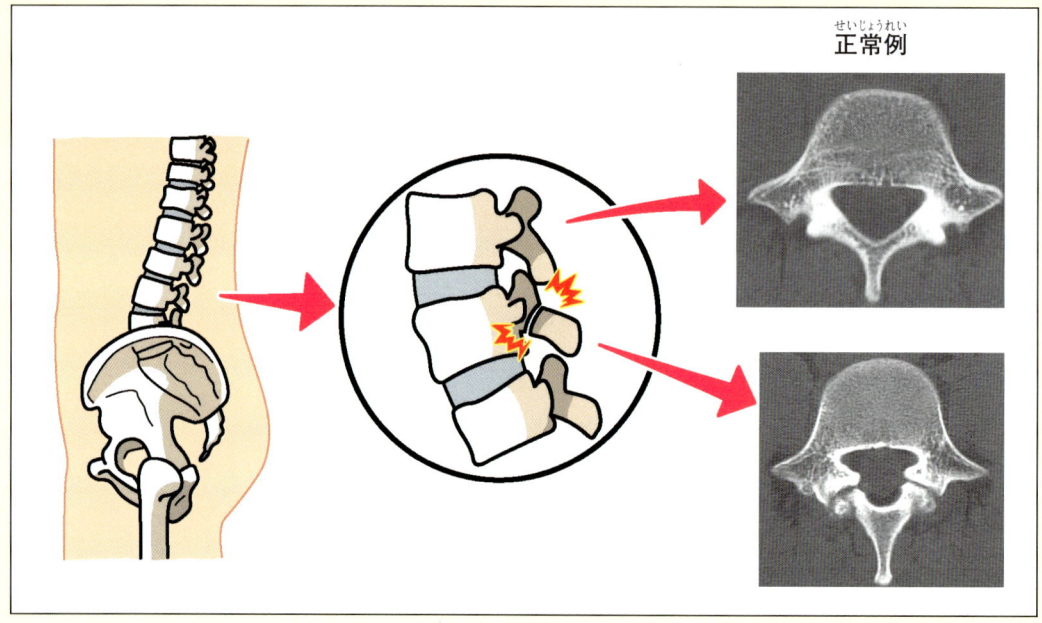

図24　腰椎分離症

　急激な発症時には、分離部（骨折部）に負荷をかけないよう、安静にします。腰痛が軽減したら、腰椎をなるべく反らさないように、場合によってはコルセットも利用します。予防で重要なのは、腰椎の動き、特に回旋（ねじれ）です。腰椎がねじれないように腹筋や背筋といった体幹の固定力を強化し、股関節を動かすことが重要です。

②疲労性骨膜炎（シンスプリント）と疾走型の脛骨疲労骨折

　走ると脛の内側に痛みを感じるものを、"シンスプリント"と呼びます。意味は脛の痛み、ということでそのものずばりです。日本では疲労性の骨膜炎ともいわれています。典型的にはランニング動作で徐々に、脛の内側の下1/3を中心に痛みを感じ、走るのをやめると痛みは軽快します。しかし、中には痛みが一か所に限局してきて、検査してみると脛骨の疲労骨折（疾走型）だった例もあります。図25は両者の違いをイラストにしたものです。今のところシンスプリントと疾走型の疲労骨折は同じ系統のものだという意見と、違うものだという意見に分かれていますが、ここでは同じ系統として扱います。ただし、疾走型の脛骨疲労骨折は膝に近い部分でも起こります。

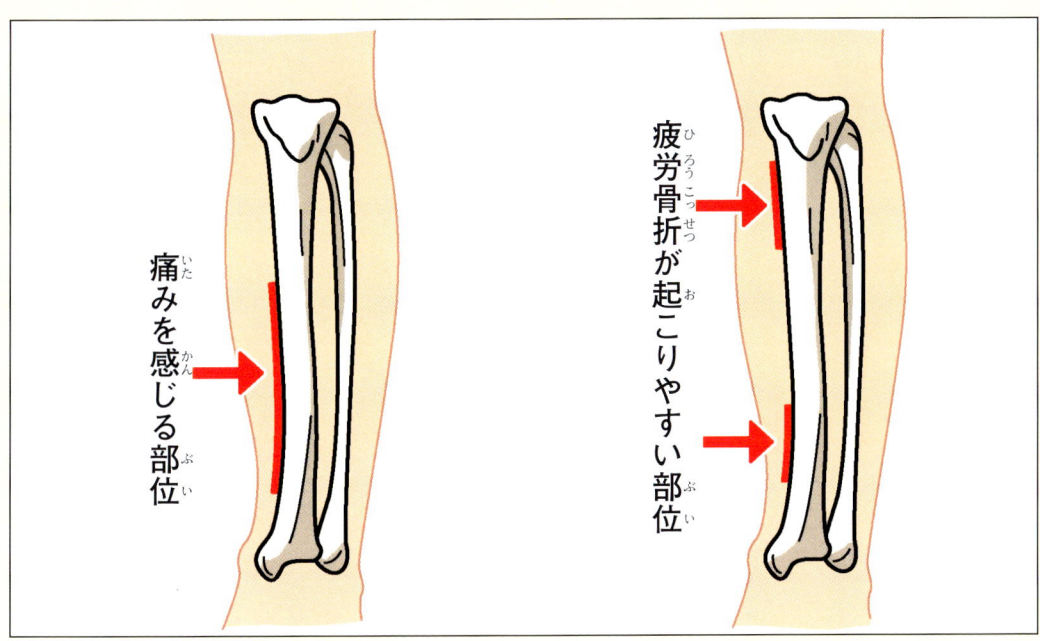

図25　脛骨の疲労性骨膜炎と疾走型の疲労骨折（左足を正面からみたところ）

　治療は両者ともランニングをやめ、それ以外のトレーニングで1か月近く（典型的なシンスプリントは2週間程度）過ごすことで軽快します。再発予防や予防については、脛やふくらはぎの筋の柔軟性を確保するためのストレッチ、扁平足対策としてのインソール（アーチサポート）作成やタオルギャザー運動の奨励、そしてほかの下肢の障害と同様、上体の安定化を図ることです。

➡ タオルギャザー運動 p.56

③跳躍型の脛骨疲労骨折

　跳躍型の脛骨疲労骨折は、文字通りジャンプ動作の多いスポーツ選手で、脛の前面中央部に鋭い痛みを限局して感じるものです。図26に示すように、水平方向に骨折線（骨吸収線）がみられるのが特徴です。跳躍型の疲労骨折は、疾走型と違って安静で痛みが軽快しても、運動を再開すると再燃して骨折線がなかなか消失しないことも特徴です。

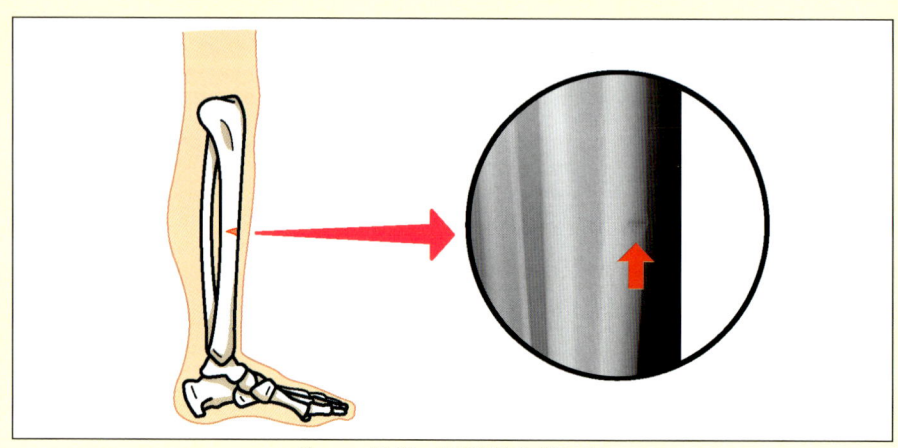

図26　脛骨の跳躍型疲労骨折

④第5中足骨疲労骨折

　足部の外側に位置する第5中足骨は、サッカーにおけるキックやステップの踏ん張り動作の際に、踵に近いところに負荷が集中して疲労骨折することがあります（図27右）。たわみやねじれの繰り返しが、跳躍型の脛骨疲労骨折と似たような経過をもたらします。ちなみにほかの中足骨や母趾の疲労骨折の好発部位をみてみると、足のねじれに関係するような部位に起きています（図27左）。

　予防として足部のねじれを改善するインソール（アーチサポート）作成やタオルギャザー運動の奨励、そして上体の安定化を図ることが最低限必要です。

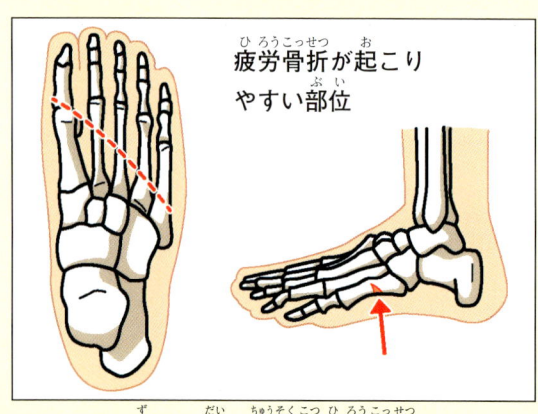

図27　第5中足骨疲労骨折

➡タオルギャザー運動 p.56

第2章

スポーツ障害の早期発見

スポーツ障害の早期発見のポイント

①成長速度の確認

身長（骨）が急激に伸びると、筋肉の発育（伸び）が追いつかず、その結果、筋の柔軟性が低下し、からだが硬くなります。そして、運動によって、伸びようとしている成長軟骨に負担がかかります。つまり、身長が急激に伸びている時期には、成長軟骨の障害（骨端症）が起こりやすいのです。

成長速度が速くなる時期は、個人差はありますが、男子では11歳ごろから、女子では10歳ごろから始まります。ちょうどこの時期は、小学校5、6年生に当たり、チームスポーツの中心となる時期でもあります。練習に夢中になってしまいがちですが、そこには成長軟骨部の危機が潜んでいるのです。

この危機にいち早く気付くためには、まず身長の伸び具合、つまり成長速度を確認しましょう（p.62のグラフをコピーして使ってみましょう）。

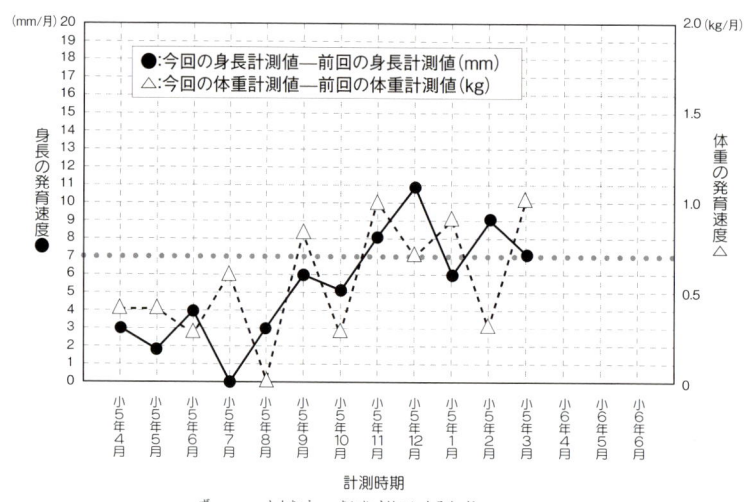

図28　身長・体重発育速度グラフ

身長・体重の計測は月に1回、日を決めて行いましょう。身長は朝晩で変化するので、決まった時間に測定し、1か月間に伸びた長さ（成長速度）をグラフに記入していきます。1か月に身長が1cm近く伸びているとき（体重だと1kg増えているとき）には、次に挙げる痛みや柔軟性の変化に特に注意しましょう。

②痛みのある部分に気付く

わずかにしか腫れていないところでも、押すと痛みを感じます。これが圧痛点です。早く痛みに気付くには、圧痛点が生じやすい場所を触ってみることです（図29）。

まず、運動前に親指や人差し指で軽く押して確認してみましょう。その周囲も触っていくことで、指先によるマッサージ効果もあります（セルフ・マッサージ）。痛みを感じている部分については、痛みの強さをチェックしてください。初めて痛みを感じたり、すでにある痛みが強くなっていたりした場合には、練習を休むか、痛みを起こさない種類の運動や程度に限って行います。

そして、運動後にも触ってセルフ・マッサージしてみましょう。痛みを感じたり、運動前と比べて悪化していたりしたら、氷で冷やしましょう（10分程度のアイシング）。さらに、お風呂上がりにも同様に行ってみましょう。

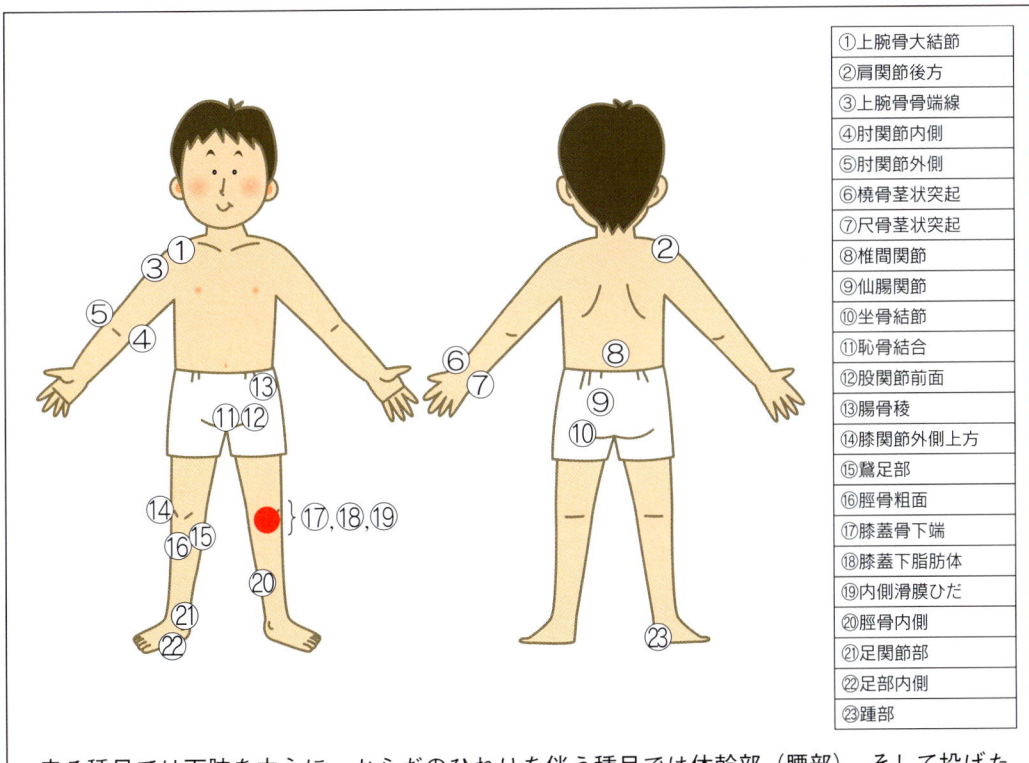

①上腕骨大結節
②肩関節後方
③上腕骨骨端線
④肘関節内側
⑤肘関節外側
⑥橈骨茎状突起
⑦尺骨茎状突起
⑧椎間関節
⑨仙腸関節
⑩坐骨結節
⑪恥骨結合
⑫股関節前面
⑬腸骨稜
⑭膝関節外側上方
⑮鵞足部
⑯脛骨粗面
⑰膝蓋骨下端
⑱膝蓋下脂肪体
⑲内側滑膜ひだ
⑳脛骨内側
㉑足関節部
㉒足部内側
㉓踵部

走る種目では下肢を中心に、からだのひねりを伴う種目では体幹部（腰部）、そして投げたり、振ったりする動作が加わる種目では上肢のチェックが必要です。

図29　圧痛点のチェックポイント

全身の圧痛点

肩

上腕骨の大結節（①）という部分は、肩のインピンジメント症候群（p.21）でみられる圧痛点で、この位置を確かめるには、まず肘を90度に曲げてからだに付け、手のひらを開いて親指を上にした状態で、空気をあおぐようにゆっくりと左右に振ります。このときに手首を動かさないようにしましょう。この状態で、反対の手の人差し指と中指で肩の前を触ってみると、やや隆起した部分が手の動きに合わせて移動しているのがわかります。これが大結節という部分で、その中心部を軽く押してみましょう。

次に肩関節後方（②）ですが、先ほどの大結節の上方にある肩の屋根の部分の骨、肩峰という部分に触れてみましょう。この骨を人差し指と中指で押しながら後ろにたどっていくと、へこんでくる部分があります。ここを先ほどと同じように手のひらでパタパタとあおぐように腕を動かす（回旋する）とわかりやすいです。

もう1か所、上腕骨の肩に近い骨端線部（③）に触れてみましょう。大結節から下へ3cmほど下がった部分です。これも上腕を回旋させながら指を後方にも移動させて押してみましょう。

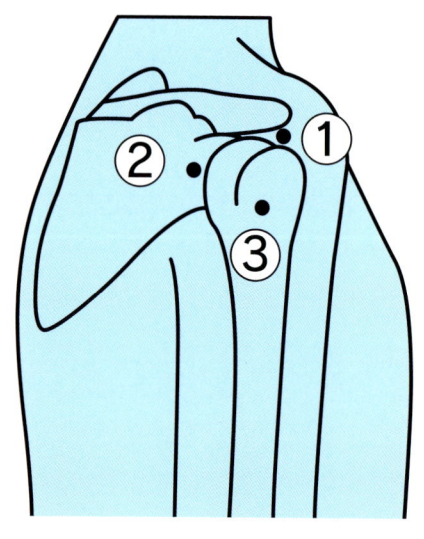
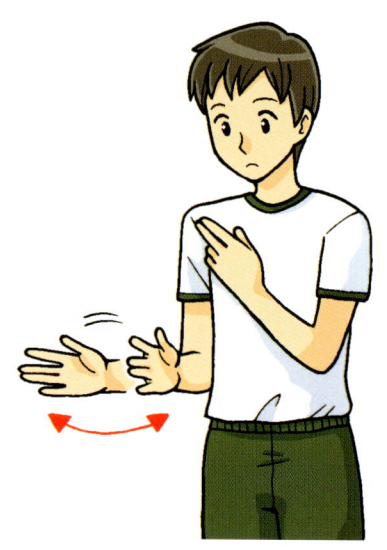

肘

肘関節内側（④）の圧痛点は、腕を前方に伸ばし、肘を曲げて手のひらを上に向けた姿勢をとります。反対側の手の親指で肘の内側を触ってみましょう。隆起した部分が内側上顆で、肘の曲げ伸ばしで確認してみましょう。

肘関節外側（⑤）の圧痛点は、調べる方の肘を反対の手で抱えるようにします。反対の手の親指で外側の隆起（外側上顆）を触ってみましょう。また、隆起に触れている親指を手のひらの方にずらしながら、手首をひねってみると、指先に動く隆起に触れますが、その前のややくぼんだところが外側の関節（腕橈関節）です。離断性骨軟骨炎ではこの部分に腫れや痛みが出ます。

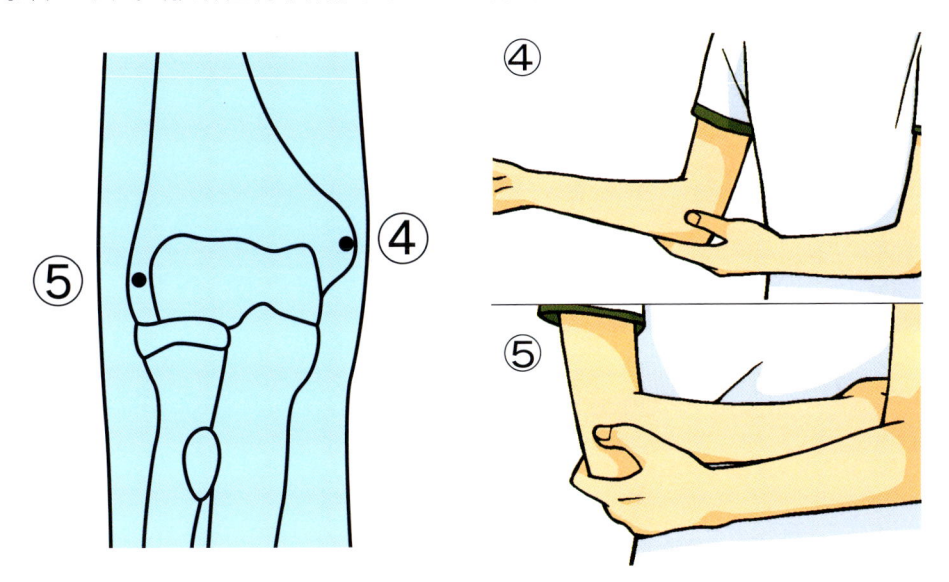

手首

手首の周囲は圧痛点がわかりやすい場所です。親指の付け根にある外側の隆起（橈骨茎状突起⑥）と小指側の付け根にある隆起（尺骨茎状突起⑦）に触れてみましょう。手首を曲げ伸ばししながら、反対側の親指で外側の隆起に触れ、同時に人差し指と中指で内側の隆起に触れて確認しましょう。手関節の周辺には多くの腱が走っており、隆起部を中心に圧痛点が出やすくなっています。

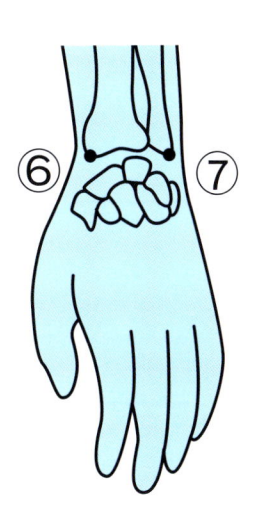

腰部

腰部では、中央部を上下に棘突起が連なっており、その両脇を筋肉が走っています。さらに筋の深部には、腰椎の後方の関節部分である、椎間関節（⑧）があります。この関節が炎症を起こすと、圧痛点になります。立ったままだと圧痛点はわかりにくいので、うつ伏せになって同側の親指で押してみます。誰かに左右を同時に押してもらい、上下に移動して左右差を比較してみてもよいでしょう。

椎間関節部をお尻の方にたどっていくと、骨の隆起（上後腸骨棘）に触れます。その内側が仙腸関節（⑨）で、ここにも圧痛を感じることがあります。

さらに下方のお尻の下の隆起が坐骨結節（⑩）で、ここには股関節を伸展し、膝を曲げる働きを持ったハムストリングスが付着しています。この坐骨結節の周囲も圧痛点が生じやすい部位です。

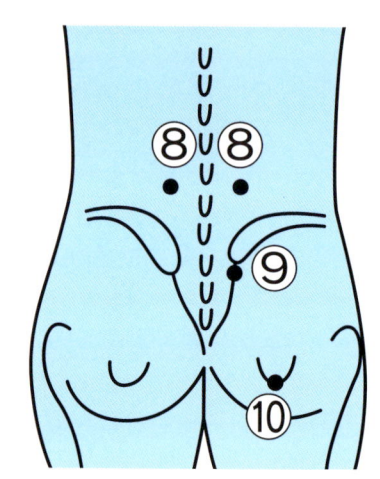

そけい部

そけい部は、ジュニア期でも成人でも圧痛点の生じやすい部位です。恥骨結合（⑪）は、仰向けになり、おへその下をたどっていくと触れる隆起です。そこには左右の腹直筋が上から、内転筋が下から付着しているため、その周囲を親指で触って圧痛点をみてみましょう。

恥骨結合から外側やや上に移動すると、股関節前面（⑫）になります。近くには大腿前面の筋（大腿直筋）の付着する隆起（下前腸骨棘）があり、股関節の炎症でも痛みを起こしやすい部位です。

腸骨稜（⑬）は、上から腹筋の外側部（外腹斜筋）が、下から臀部の筋（大殿筋や中殿筋）が付着し、骨端症が起こる部位でもあります。

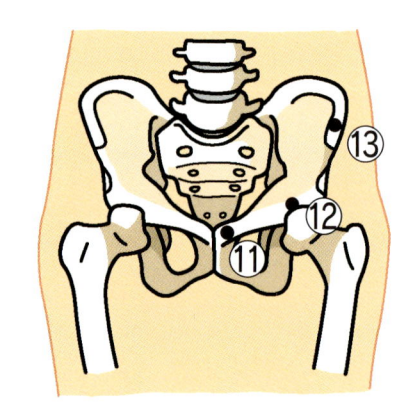

膝

膝を曲げた状態で、膝関節のやや外側上方（⑭）に触れてみましょう。同じ側の手で膝をつかむようにして、人差し指と中指の2本を使って押すことがポイントです。ここはランナー膝のときに圧痛点になりやすい部位です。次に膝をつかんでいる親指を内側の隆起（大腿骨の内側上顆）に持っていきます。これよりさらに下でも隆起（脛骨の内側顆）に触れます。これのやや後方から前方に回ってくる鵞足部（⑮）もランナー膝が起こりやすい部分です。

脛骨粗面（⑯）は成長期の代表的な骨端症であるオスグッド病の圧痛点となります。そのまま膝蓋骨に向かって膝蓋腱を上方にたどっていくと、膝蓋骨の下端（⑰）に触れます。ここはジャンパー膝である膝蓋腱炎の圧痛点が出やすい部位です。

今度は膝を伸ばして、力を抜いた状態で、お皿（膝蓋骨）の周囲に触れてみましょう。さきほど触れた膝蓋腱部は緊張がなくなり、その裏にある膝蓋下脂肪体の感触がわかります。ここもランナーやジャンパーで膝の圧痛点が出やすい部位（⑱）です。その内側には親指でこするとひだ（内側滑膜ひだ：⑲）に触れることがあり、ここも痛みが生じやすい部分です。

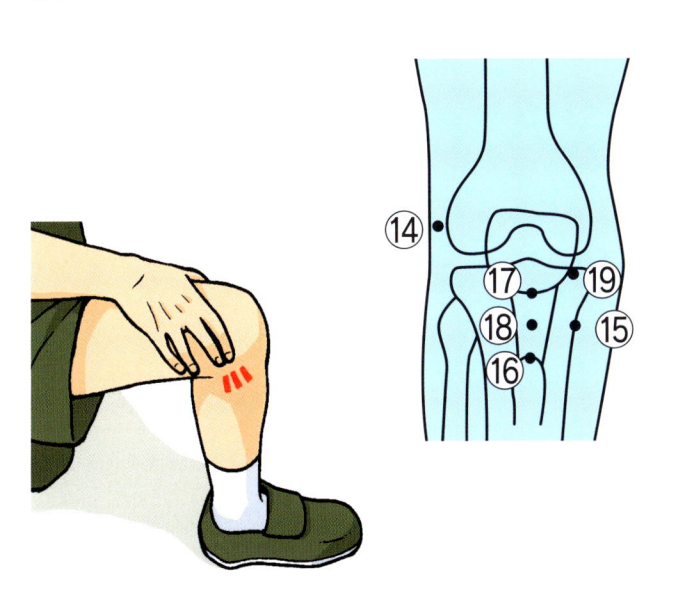

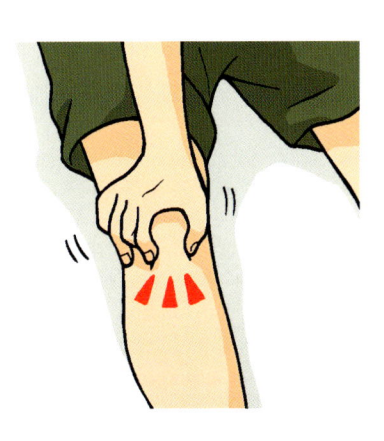

脛

脛の内側で、下1／3のあたりは、脛骨内側（⑳）でシンスプリント（p.31）や疾走型の疲労骨折が起こりやすい部位です。親指で骨に沿って触ってみましょう。シンスプリントではやや広い範囲で痛みを感じ、疲労骨折では痛みを感じる部分が狭くなってきます。脛骨の跳躍型疲労骨折は、脛の真ん中で前面にしこりとともに強い圧痛を認めます。

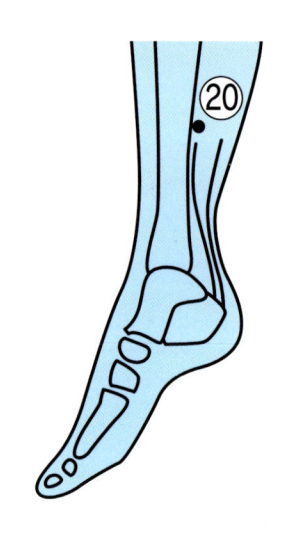

足

足関節部（㉑）は、サッカー足（衝突性外骨腫）で、内側のやや前方で隆起（骨棘）に触れるのが特徴です。足首の内側に親指で触り、足関節を動かしてみて確認しましょう。

そのまま親指を内側の下方に移動させて、足部内側（㉒）の隆起に触れてみましょう。ここも骨端症（足の舟状骨：外脛骨障害）や疲労骨折の起こりやすい部分であり、圧痛点となります。

最後に、踵（㉓）に触れてみましょう。踵の骨端症（シーバー病）では圧痛点が生じます。またふくらはぎの筋がアキレス腱となって踵につくのも確認してみましょう。アキレス腱やアキレス腱付着部も痛みの起こりやすい部位です。

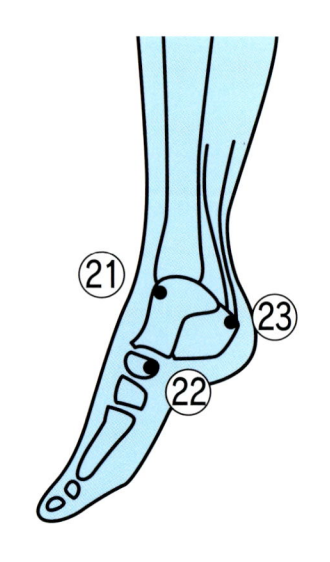

③関節や筋肉の柔軟性を知る

　成長期には筋の柔軟性が低下し、からだが硬くなりやすいので、特に運動の前後には必ず柔軟性をチェックしてみましょう。これから紹介する柔軟性のチェックは、そのまま抵抗を加えて伸ばすことで、いわゆるストレッチングとなります。基本的には伸ばしたところで5秒間保持しますが、いつもより硬いと感じたときには、もう一度繰り返してください。また、必ず左右どちらも同じように行いましょう。

○肩のストレッチング（下方）

　立ったまま一方の手を挙上し、反対の手で伸ばす方の肘を、頭の上または後ろでつかみます（①）。この位置が肩の下方の柔軟性を示します。次に可能な範囲で肘を反対側にストレッチします。止まったところで5秒間保持してください（②）。さらにからだを反対側に曲げて5秒間静止します。

○肩のストレッチング（前方）

　壁に向かって横に立ち、肘を伸ばして手のひらを壁につけます。肩や腕の前面が軽く張った位置が前方の柔軟性を示します（①）。そこから胸を開くようにストレッチして5秒間保持してください（②）。

○肩のストレッチング（後方）

　伸ばす方の肘を、反対の手で抱えて軽く手前に引きます。そこから可能な範囲でストレッチして5秒間保持してください（①）。さらにからだのひねりを加えてみましょう（②）。

○肩甲骨周りの動きも含めたストレッチング

　肩では、いわゆる肩関節だけでなく、肩甲骨と胸郭の動きも大切です。肩のスポーツ障害では、肩関節の動きが悪くなる前に、肩甲骨の動きが悪くなることがよくあります。特に疲労してくると肩甲骨が前のめりになってきます。そこで肩甲骨を後ろに引き寄せる（内転する）動き（大魔神運動）もチェックします。まず立位で胸を張って、肩関節を90度外転し、肘関節も90度屈曲します（①）。ちょうど大相撲の柏手を打つ姿勢に似ています。そこから肘の角度を90度に維持したまま、肘を下げていき、両側の肩甲骨を後ろに引き寄せます（②）。肩甲骨が十分寄った位置で5秒間保持します。これは3回繰り返してください。ポイントは胸を張った姿勢を維持することです。

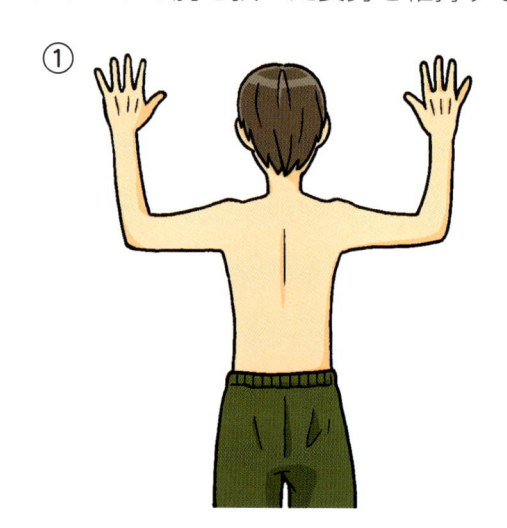

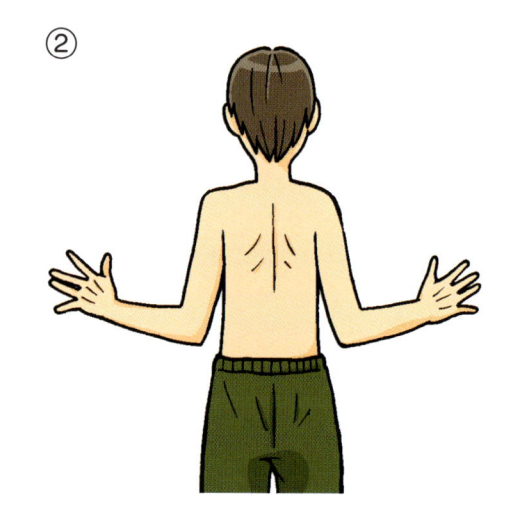

○肘のストレッチング（内側）

　肘の内側から手のひらにかけての柔軟性を確認するには、腕を前方に伸ばして、手のひらを上にして指先を伸ばし、その指先を反対の手の指でつかんで下方へ軽く引きます。この状態からさらに反対の手で抵抗を加えながら5秒間保持してストレッチングします。

○肘のストレッチング（外側）

　前方に伸ばした手を、手のひらが下を向くようにひねり、反対の手で甲を押さえて外側下方に軽くひねりを加えて確認します。ストレッチングするには、これに抵抗を加えて5秒間保持してください。いつもより硬いと感じたら、もう一度、内側のストレッチングをした後で、外側も繰り返します。

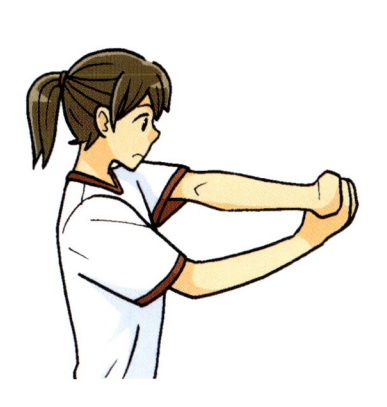

○体幹から下肢にかけたストレッチング（前方）

　伸ばす方と反対の足を大きく前に出して、そのまま膝を曲げていきます。このとき上体は前を向いたまま、まっすぐに保持し、両手を前に出した足の膝におきながら、ゆっくりと上体を下げていきます。股関節から太ももの前が伸ばされる感じを確認しましょう。できるだけ伸びた位置で5秒間ストレッチしてください。この動作の中では、腰が反りやすくなるので、腰を反らすと痛みが出やすい人は、上体を前に倒しても構いません。

○体幹から下肢にかけたストレッチング（後方）

　体幹（からだの中心部）から下肢にかけた柔軟性の確認やストレッチングを行ってみましょう。まずは後ろ側です（①）。これは従来の"立位体前屈"と呼ばれる動作で、膝を伸ばしたままからだを前方に曲げていきます。息を吐いて指先がどこまで下がるかを確認してみましょう。

　さらに、お尻と脚を別々にストレッチしてみると、より効果的なストレッチができます。②のように、膝を曲げた状態から、体幹部をまっすぐに保持したまま前に曲げていきます。お尻を突き出すように最敬礼する感じでやってみましょう。お尻の部分がストレッチされる感じがわかると思います。次に膝を伸ばした状態（③）で、②と同様に状態をまっすぐに保持したまま前屈していきます。太もも（ハムストリングス）から足にかけてストレッチされる感覚を確認します。それぞれ5秒ずつ、硬いと感じたら繰り返してみましょう。最後にもう一度①の動作で柔軟性が改善されたかどうかを確認してみましょう。

○体幹から下肢にかけたストレッチング（側方）

体幹の側方の柔軟性は、立った状態から伸ばす方と反対の足を前にクロスするように出し、からだを反対側に倒すようにして確認します。股関節が屈曲（からだが前に曲がること）しないように注意しましょう。この状態から、腕を外転させていき、からだの後方から肩の下も含めてストレッチしましょう。5秒ずつ左右行い、硬いと感じたらもう一度繰り返しましょう。

○膝を伸ばす筋肉の柔軟性とストレッチング

オスグッド病やジャンパー膝などの原因のひとつに、膝を伸ばす太ももの前の筋（大腿四頭筋）の硬さが挙げられます。まず壁などに伸ばす方の足と反対の手をつき、伸ばす方の膝を曲げて、手で足先をつかみ、さらに曲げていきます。硬くて足先が持てない人は、椅子や台に膝を乗せて身体をなるべく後ろに反らせるようにします。5秒保持してストレッチしましょう。これを左右行ってください。

○下肢の内側のストレッチング

　この動作は、大相撲の立合いの蹲踞という姿勢に似ています。両足を肩幅の倍に開いて、そのまま上体をまっすぐ下に降ろしていきます。手はそれぞれの太ももまたは膝に置きます（①）。太ももの内側（内転筋）のストレッチ感覚を確認しながら5秒間保持しましょう。さらに上体を前に曲げ、肘で膝の内側を外に押し出すようにしてストレッチします（②）。それぞれを最低1回は行いましょう。

○ふくらはぎ（下腿三頭筋）のストレッチング

　立ったまま、あるいは壁に手をついて（①）、伸ばす方の踵は地面につけ、膝は伸ばしたまま、反対の脚を前に出して、柔軟性を確認します。そのまま5秒間ストレッチしましょう。また、伸ばす方の膝を曲げて行う方法（②）もあります。いずれも左右行い、十分でないと感じたらもう一度繰り返しましょう。

第3章

スポーツ障害を防ぐトレーニング

ウオームアップ前の確認

　スポーツによるけがや障害の発生には、からだのバランスが関係しています。バランスの偏りは気付きにくいことがあり、そのまま競技に入ってしまうと、思わぬけがにつながりますので、ウオームアップ前に姿勢で確認しましょう。

①基本姿勢

　まず「体の軸」を確認する基本姿勢を作りましょう（図30）。手を腰に当てて、足は肩幅よりやや広めに開いて立ちます。そして顎をやや引いて胸を張り、おなかに軽く力を入れて5秒間こらえましょう。ここでいう腰というのは骨盤のことで、人差し指と中指で骨盤前方の骨の隆起に当て、親指を後ろの隆起部にあてます。ちょうど両手で骨盤の上縁をつかみ、輪を作るような感じです。この輪がやや前に傾くことを骨盤の前傾といいます。この骨盤前傾の程度は日によって異なるので、調子のよいときの傾きをよく覚えておきましょう。

　また基本姿勢は靴を履かない状態で行いましょう。初めは足の指で軽く地面をつかむように意識し、重心をやや前に保つようにしましょう。

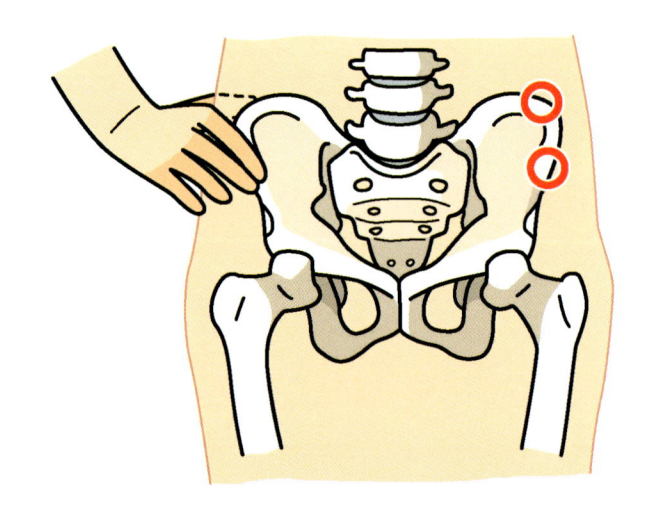

図30　基本姿勢と骨盤前傾の確認

②始動姿勢（両足スクワット）

　基本姿勢から上体はそのままで、前方に倒し、お尻を突き出すように股関節を曲げながら、同時に膝も曲げていきます（図31）。股関節や膝が90度ぐらいのところで5秒間保持します。この際、重心が踵に乗らないように、やや浮かせる感じで、足の指で地面をつかむようにして行いましょう。つま先側に重心を置いたまま3回繰り返しましょう。

　このポジションは、野球やサッカーなど、さまざまなスポーツの始動姿勢となります。スクワット・ポジションともいいますが、ウエートトレーニングで行うスクワットより重心がやや前方で、骨盤の前傾を保持し、前後左右、あらゆる方向に動く準備を意識した姿勢です。横からみると、体幹の軸と脛（下腿）の軸が並行になってくるので、ほかの人に確認してもらいましょう。

図31　始動姿勢

③片足立ち

　基本姿勢の状態から片足立ちを行います。挙げる方の足は、真上に股関節45度、膝90度となるように曲げます。通常、体幹の固定がしっかりしていれば、挙げた方の足の骨盤はやや上方に上がります。体幹が固定できないと下がってしまいます。また、重心が踵寄りになると、骨盤が反対側に開いてしまいます。腰に当てた手の位置の動きで確認しましょう。
　片足立ちをした後、両足に戻し、反対側で片足立ち、と左右3回繰り返してください。2・3回目に骨盤の下降や回旋が起こることもあります。3回クリアできたら、左右1回ずつ5秒間保持してください。

図32　片足立ち

④片足スクワット

　片足スクワットも基本姿勢から始めます。片足立ちになって、始動姿勢と同じ要領で行います。片足立ちと同じように、骨盤が落ちたり回旋したりしないように行いましょう。膝が左右にぶれて不安定な場合には、反対側のつま先を地面につけて行っても構いません。ここでも重心をしっかりとつま先側で保持してください。
　この片足スクワットは、日常生活では階段を降りる動作のときに行っていることであり、これがしっかりできればジョギングを開始してよい、という指標にもなります。

図33　片足スクワット

上肢のけがや障害の予防

　上肢のけがの予防については、転倒によるけがの防止という点からは、やはり体幹部を中心としたバランスが大切です。それに加えて、上肢の動きの起点となる肩関節の動きが重要です。その肩関節が動くためには、土台となっている肩甲骨の位置や動きがポイントとなります。肩の痛みを抱えている選手の中には、痛みのために背中が丸まり、肩甲骨が前のめり状態となってしまっている選手がいます。この姿勢では、いくら肩関節の動きが正常でも、肩全体の動きとしては、上方や後方の動きが制限されてしまいます。このような偏った状態で投げたり振ったりする動作を行うと、スポーツ障害を引き起こしやすくなります。

　この解決策として、四つんばいになって、腕を押し出すように前（下）に出し、背中を後ろ（上）に突き出すように（肩甲骨を外転し、胸郭を屈曲）したり（①）、逆に背中を伸ばして肩甲骨を後ろに寄せるように（肩甲骨を内転し、胸郭を伸展）したり（②）する方法があります。これは、猫のしぐさに似ているため「猫の背中」運動とも呼んでいます。ほかに大魔神運動も効果があります。

➡ 大魔神運動 p.42下

① ②

図34　猫の背中運動

下肢のけがや障害の予防

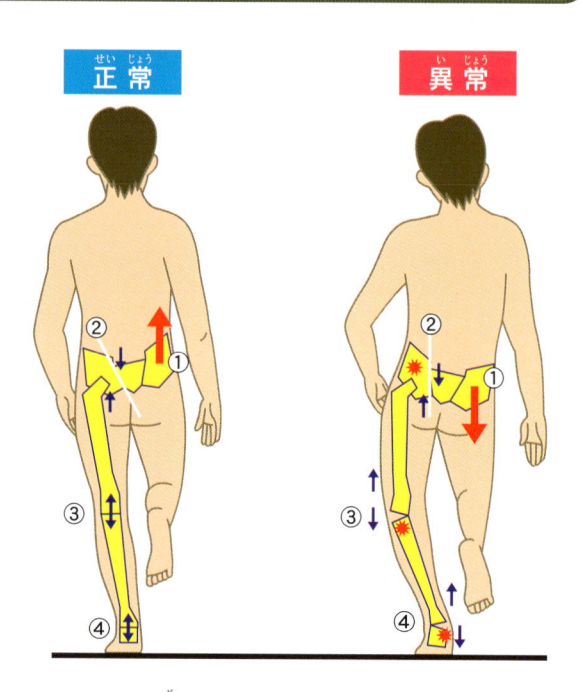

正常な場合、骨盤は立っている方の足にやや傾き、股関節や膝、足首にまっすぐ体重を伝えているのがわかります（図35）。これに対して軸がずれていると、骨盤が反対側に傾き、それぞれの関節にかかる体重は、内側や外側に偏ってきます。このような片足立ちの状態が、ランニング中に起きていると考えると、股関節、膝関節および足関節に障害が起こりやすくなることは容易に想像できます。

図35　バランスチェック

片足立ちからのスクワット動作で、下肢のそれぞれの関節が屈曲してくると、偏りはいっそう際立ってきます。図のように膝が内に入ってくることが多く、足の扁平化や骨盤の回旋なども影響し、からだ全体が偏ってきます。

スポーツによるけがや障害を予防するには、まず両足でしっかりと立つこと、次に片足でしっかりと立つことが大切です。立つという基本的な動作ができていないと、その先の走る、跳ぶ、といった複雑な動作が十分にできないばかりか、障害を生むきっかけともなりかねません。逆にいえば、基本的な動作を正しく行うことにより、競技力を向上させ、かつけがの予防につながります。

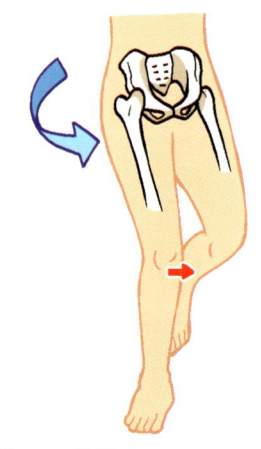

図36　片足スクワットの不良例

第3章　スポーツ障害を防ぐトレーニング

スポーツ障害を防ぐトレーニングの原則

・効果的なトレーニング方法

　基本的な姿勢や動作を確認して、練習や競技に入るのですが、スポーツ障害の発生には、トレーニングの内容や量も大きく関係しています。トレーニングの原則は、成長期にはそれぞれの発育状況をよく理解し、それに合った内容や量で行う必要があります。

　まず、小学生では「基本動作」の習得が第一です。その競技におけるフォームを正しく身につけるために、繰り返しの練習が必要です。ひとつひとつの動作をしっかりと行っていくことが、この時期に必要なことです。

　中学生では、「基礎体力」を充実させることです。フォームの正確性を長時間にわたって維持していく、持久力が求められます。「疲労してもぶれない軸づくり」が、この時期のポイントです。

　そして高校生では、成長が終了した後に、速さや力強さを獲得するために筋力トレーニングを行います。さらに応用動作を身につけていきます。

トレーニングの原則

- 小学生　基本動作
- 中学生　基礎体力
- 高校生　筋力トレーニングと技術の鍛錬

One Point Lesson

53

腹筋運動

「基本動作」や「基礎体力」に共通するトレーニングとして、体幹部と足が大切です。体幹部では「腹筋」と「背筋」が重要です。ここでいう「腹筋」とは、おなかの真ん中にあって縦に幾段も割れている「腹直筋」ではなく、その両脇にある、いわゆる「側腹筋」に注目してみましょう。側腹筋が収縮すると、体幹の前（腹直筋）と後ろ（背筋）をつないで、おなかを締める働きをします。

腹筋の確認は、図37のように仰向けになって両膝を立てた状態で行います。両手の人差し指、中指および薬指の3本を、基本動作のところで指を当てた骨盤前方の骨の隆起より、やや上のところに置きます。ゆっくりと口で息を吐きながら、おなかに力を入れ、当てた指で筋の抵抗を感じてください。筋の抵抗がはっきりと確認できたら、息を吸うときにも筋を収縮させ続けてみてください。力を入れすぎると続きません。軽めに力を入れることと、胸を張って背筋を伸ばすようにすることで、持続させることができます。

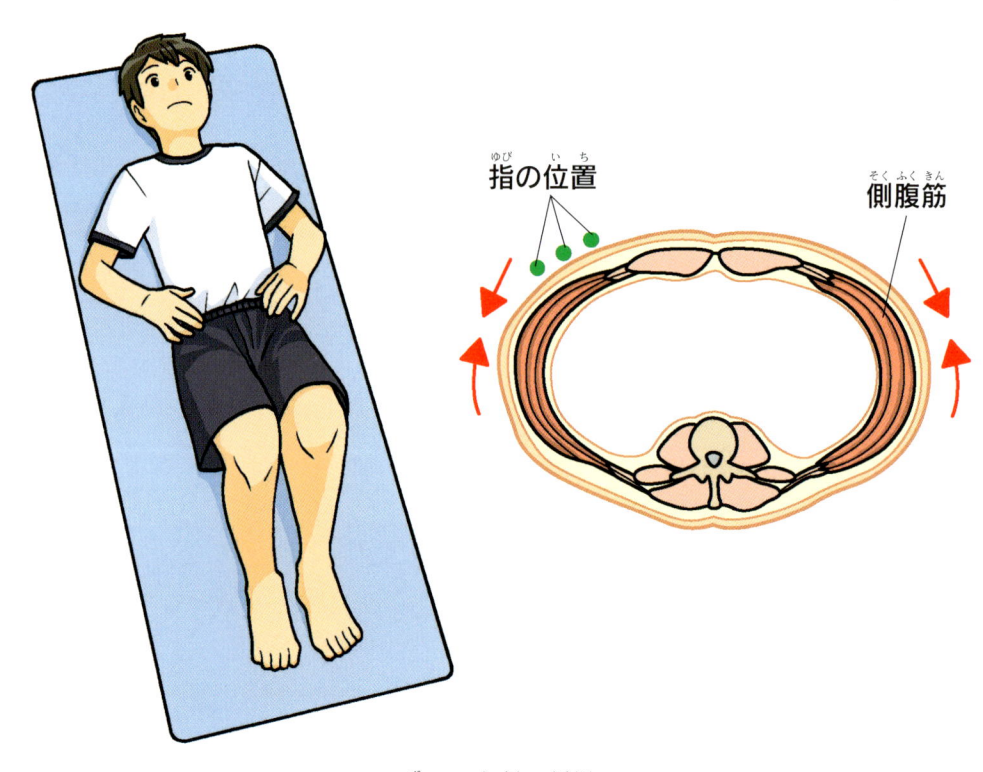

図37　腹筋の確認

背筋運動

「腹筋」と同様に、ここでは「上体反らし」のときに働く脊柱起立筋のような背筋ではなく、それらの筋の間をつなぐ働きをする「インナーマッスル」ともいうべき短い背筋群を使ってみましょう（図38）。短い背筋群の働きは「背筋バランス」の動作で確認できます。背筋バランスは、まずは①のように四つんばいになり、次に右手と左足を水平になるまで挙げていきます（②）。なるべく手先から足先までが一直線になるように、肘や膝を曲げずに、そのまま5秒間保持します。特に体幹部がぶれないようにこらえましょう。この姿勢を保持する働きが側腹筋とともに体幹固定に重要なのです。手や足が上がりすぎたり、下がったり、肘や膝が曲がったりしていないかをほかの人に確認してもらいながら、反対側も含めて、それぞれ3回ずつ行いましょう。

①

②

図38　背筋バランス

足の運動

　基本姿勢を維持するには、側腹筋と短い背筋群で体幹を固定することに加え、地面と接している足の働きも大切です。靴の発達で、歩くのに便利になった反面、指を使わなくなったため、足の機能が低下してきているといわれています。土踏まず（アーチ）がない扁平足では、立ったときのバランスが足元からねじれることになり、運動により下肢の障害を起こしやすくなります。

　足の指を曲げる筋は、アーチを保持する働きがあります。この筋を使ったタオルギャザー運動を紹介します（図39）。入浴の際、床にぬらしたタオルを敷き、その上に両足を置いて、足の指でタオルをつかんでは引き寄せ、タオルの端がくるまで繰り返します。2回繰り返してみましょう。

図39　タオルギャザー運動

　さまざまなスポーツ障害のもとになっていると考えられるものに、「足首の硬さ」があります。「その場しゃがみ込み」で足首の柔軟性を高めましょう。図40のように、基本姿勢から前に腕を挙げた状態で、踵をつけたまま、ゆっくりとしゃがみ込み5秒間保持します。足首の硬さがあると、踵が浮いてしまうか、後ろに倒れてしまいます。倒れないぎりぎりのところで5秒間こらえてみましょう。これを2回繰り返してください。

図40　その場しゃがみ込み

第3章　スポーツ障害を防ぐトレーニング

トレーニング後のクーリングダウン

　ウオーミングアップは必ず行われていますが、クーリングダウンはおろそかにされがちです。しかしクーリングダウンは、翌日への疲労の蓄積を予防し、スポーツ障害の発生を食い止める第一歩となります。

　クーリングダウンとして効果的な運動は、使った筋肉や関節を同じ動作で軽く動かすことです。その後でストレッチングを行い、セルフ・マッサージで圧痛点を認めたら、アイシングを行いましょう。

　また、股関節は走る、投げる、跳ぶなどのあらゆる動作で酷使されるので、運動後には硬くなってしまいがちです。股関節が硬くなると、その上下に位置する腰や膝に悪影響を及ぼします。股関節は、腰を含めて下肢で最も大きな動きをする部位なので、しっかりと動きを保持したいものです。そのために運動直後のクーリングダウンを必ず行いましょう（図41）。

図41　クーリングダウン

① 体幹部を固定し、壁などにつかまって立ちます。膝を伸ばし、足首を直角に保持して股関節を意識しながら、足を振り子のように前後に振り出します。前後に5回、前への振り上げを意識して動かします。

② 斜め前から斜め後ろに反動をつけて蹴り出すようにします。これも体幹はしっかりと固定して、膝を曲げずに5回行います。

※左右5回ずつ行いましょう。ウオーミングアップ時に行ってもよいでしょう。

③ 膝を曲げ、膝頭で大きく円を描くように、前から後ろ、後ろから前と、5回ずつ動かしましょう。

57

応急手当の基本 "RICE"

けがが起きた後の応急手当は、「RICE」です。私たちがいつも食べている米（Rice）にちなんで、必ずしましょうという意味を込めて名づけられました。RICEは以下の頭文字を組み合わせたものです。

R Rest（安静）　動かすことによるけがの拡大を抑えることが目的です。周囲の筋肉や関節の動きで、けがをしたところに負担をかけないようにします。

I Ice（冷却）　血管を収縮させ、出血や腫れを抑えることが目的です。ただし、冷やし過ぎて凍傷を作らないことがポイントです。冷やす時間は、10分～20分が目安です。手足の先端ほど短めにし、感覚が鈍くなってきたら冷やすのをやめましょう。痛みや腫れがおさまるまで行います。

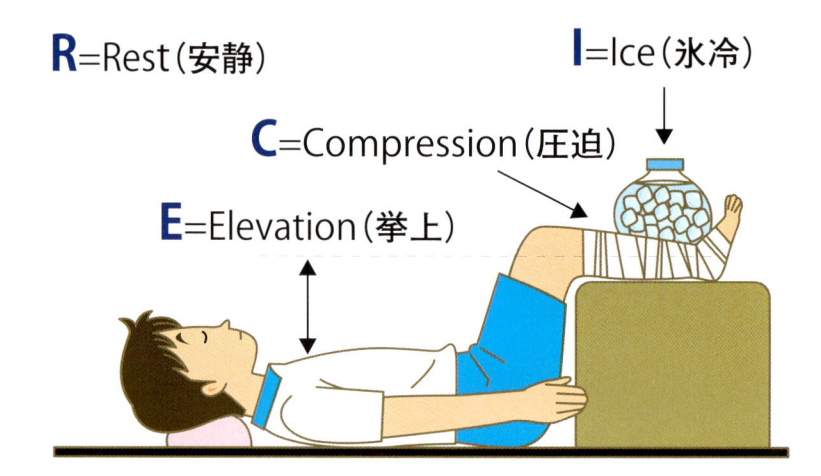

R=Rest（安静）
I=Ice（氷冷）
C=Compression（圧迫）
E=Elevation（挙上）

C Compression（圧迫）　圧迫して、出血や腫れを抑えることが目的です。圧迫しすぎると、そこから先の皮膚の色が変わり（赤くなったり、白くなったり）、痛みやしびれを感じますので注意しましょう。

E Elevation（挙上）　出血や腫れを抑えることが目的です。"心臓より高く"というのがポイントです。足のけがでは、横になって足を挙げ、けがした部位を心臓より上に挙げることが大切です。

このRICEにSpecialist（専門の医師）のSをつけてRICESという覚え方もあります。初回のけがの際に、専門医により適切な診断や治療を受けておけば、障害につながることを予防できるという意味です。特に、けがをした部分に、自分で動かせないような腫れや痛みがあったら、早く病院を受診しましょう。

第3章　スポーツ障害を防ぐトレーニング

トレーニング復帰の注意

　最後に、けがやスポーツ障害から復帰する際の、目安や注意点について確認しておきましょう。
　まずは基本動作です。基本姿勢や片足立ち、および始動姿勢を何度も確認しましょう。片足立ちは「歩き」の、片足スクワットは「走り」の、さらに片足のスクワットジャンプは「ダッシュ」の目安となります。次は、正確性と持久力が求められます。特に疲労してくると、正確性が低下し、けがや障害が再発しやすくなります。走れるようになったら、まず持久力を元のレベルまで戻すことが目標となります。そして速さや力強さを加えていきましょう。最後に、その種目特有の応用動作を磨くことです。トレーニングの前には、必ず基本動作でからだにスイッチを入れましょう。

復帰に当たってのポイント

①基本動作　　　　　　　③速さ、力強さ
②正確性、持久力　　　　④応用動作

テーピングについて

　けがや障害の復帰時期に、テーピングが行われることがあります。このテーピングについては、あくまで補助のひとつと考えてください。原則的には、けがや障害からの復帰時期に、サポーターやテーピングを用いて復帰することは勧めません。復帰時の注意点を確認して、基本動作から応用動作まで十分に行えることが重要です。障害の再発の前触れとなる腫れや痛みが出始めても、サポーターやテーピングでごまかされてしまうことがあり、かえって再発して復帰を遅らせることにもなりかねません。
　ただし、復帰の段階で、あくまで痛みや不安感による悪循環を起こさないために、動作を習得できるまでの間、一時的に利用することは構いません。動作が不安なくできたら、テーピングをしないでやってみましょう。

59

骨格と筋肉の名前

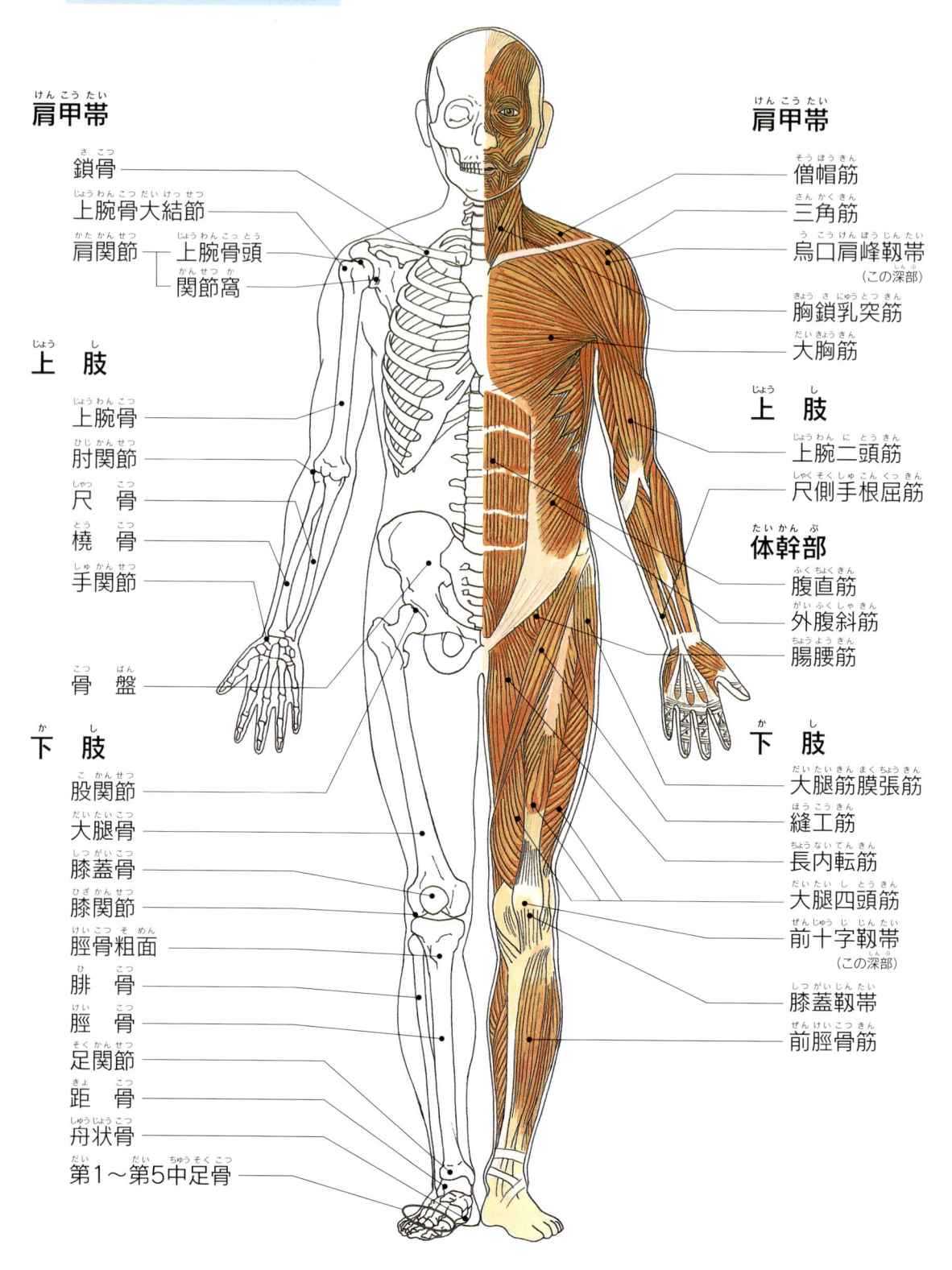

肩甲帯
- 鎖骨
- 上腕骨大結節
- 肩関節 ─ 上腕骨頭
  └ 関節窩

上　肢
- 上腕骨
- 肘関節
- 尺　骨
- 橈　骨
- 手関節
- 骨　盤

下　肢
- 股関節
- 大腿骨
- 膝蓋骨
- 膝関節
- 脛骨粗面
- 腓　骨
- 脛　骨
- 足関節
- 距　骨
- 舟状骨
- 第1〜第5中足骨

肩甲帯
- 僧帽筋
- 三角筋
- 烏口肩峰靱帯（この深部）
- 胸鎖乳突筋
- 大胸筋

上　肢
- 上腕二頭筋
- 尺側手根屈筋

体幹部
- 腹直筋
- 外腹斜筋
- 腸腰筋

下　肢
- 大腿筋膜張筋
- 縫工筋
- 長内転筋
- 大腿四頭筋
- 前十字靱帯（この深部）
- 膝蓋靱帯
- 前脛骨筋

体幹部

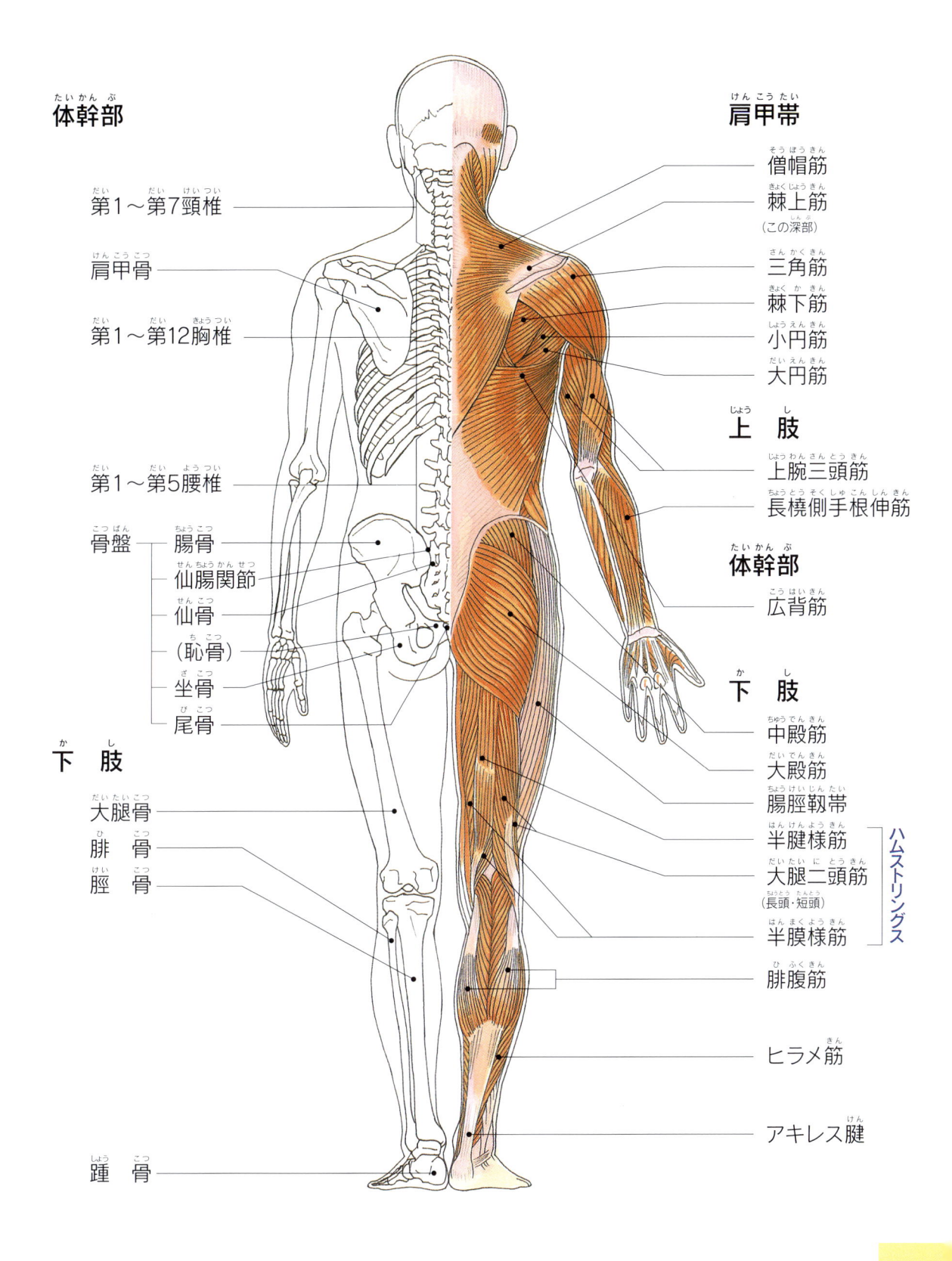

- 第1～第7頸椎
- 肩甲骨
- 第1～第12胸椎
- 第1～第5腰椎
- 骨盤
  - 腸骨
  - 仙腸関節
  - 仙骨
  - (恥骨)
  - 坐骨
  - 尾骨

下 肢

- 大腿骨
- 腓骨
- 脛骨
- 踵骨

肩甲帯

- 僧帽筋
- 棘上筋（この深部）
- 三角筋
- 棘下筋
- 小円筋
- 大円筋

上 肢

- 上腕三頭筋
- 長橈側手根伸筋

体幹部

- 広背筋

下 肢

- 中殿筋
- 大殿筋
- 腸脛靭帯
- 半腱様筋 ｝ ハムストリングス
- 大腿二頭筋（長頭・短頭）
- 半膜様筋
- 腓腹筋
- ヒラメ筋
- アキレス腱

身長・体重発育速度グラフ

p.34の図28を参考にして身長（身長）（体重）を月に1回ほぼ決められた日に計測し、その発育速度をグラフに記入してください。
また計測する時間帯は1日のうちでも朝なら朝と決めて行ってください。

身長の発育速度 ●
体重の発育速度 △

縦軸左：(mm/月) 0〜20
縦軸右：(kg/月) 0〜2.0

計測時期

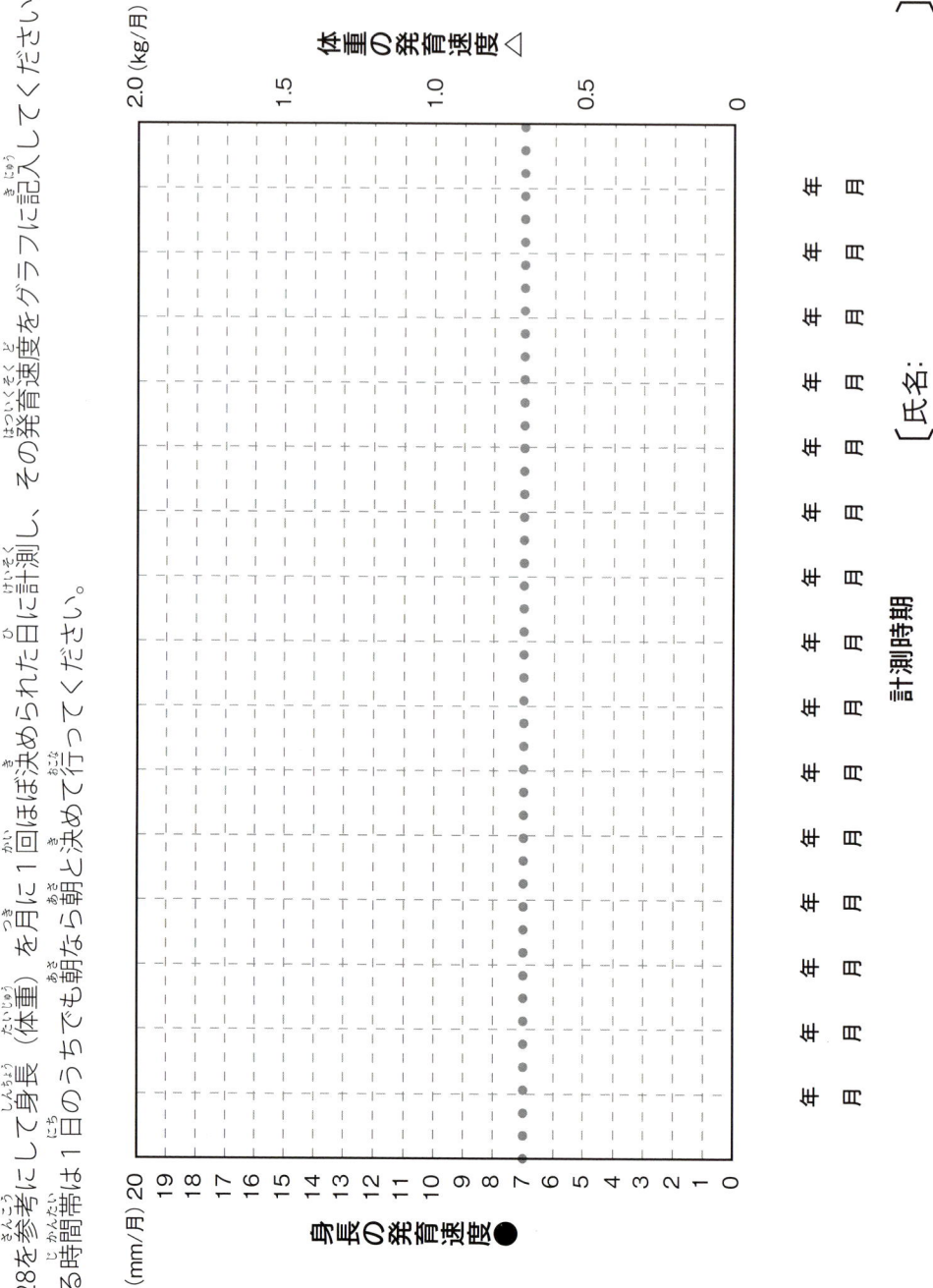

〔氏名：　　　　　　　〕

さくいん

あ
- アイシング……57
- 亜脱臼……22
- 圧迫……58
- 安静……58
- オスグッド病……8、18、19、26、39、45

か
- 外脛骨障害……40
- 鵞足……27
- 鵞足炎……27
- 片足スクワット……50
- 片足立ち……50、52
- 下腿三頭筋……46
- 肩のインピンジメント症候群……21、36
- 肩の脱臼……22
- 滑液胞炎……27
- 関節ねずみ……17
- 基礎体力……53
- 基本姿勢……48
- 基本動作……53
- 競技適応力……6、8
- 挙上……58
- クーリングダウン……57
- 脛骨粗面……18、19、39
- 腱板……21
- 肩峰……36
- 骨端症……8、12、20、34、38
- 骨端軟骨……11、12、15
- 骨片……14

さ
- 坐骨結節……38
- サッカー……18、20、28、30、32
- サッカー足……28、40
- サポーター……59
- シーバー病……8、40
- 疾走型の脛骨疲労骨折……29、31、40
- 始動姿勢……49
- 尺骨茎状突起……37
- ジャンパー膝……26、39、45
- 柔道……22、23、24
- 踵骨骨端症……8、20
- 衝突性外骨腫……28
- シンスプリント……29、31、40
- 靭帯損傷……21、28
- 身長・体重発育速度グラフ……34、62
- 水泳……21、23
- スクワット・ポジション……49
- スクワット動作……52
- 成長期……6
- 成長速度……10、34
- 成長痛……11
- 成長軟骨……8、11、12
- 成長軟骨部……18
- 生理的許容範囲……6
- セルフ・マッサージ……35、57
- 前十字靭帯損傷……24、25
- 仙腸関節……38
- 足関節捻挫……28
- 側腹筋……54
- その場しゃがみ込み……56

た
- 第5中足骨疲労骨折……29、32
- 大結節……36
- 体操……16、20
- 大腿四頭筋……45
- 大魔神運動……42、51
- タオルギャザー運動……20、31、32、56
- 卓球……16
- 脱臼……21、22
- 恥骨結合……38
- 腸骨稜……38
- 腸脛靭帯炎……27
- 跳躍型の脛骨疲労骨折……29、32
- 跳躍型疲労骨折……40
- 椎間関節……30、38
- 椎弓部……30
- テーピング……59
- テニス……14、15、21、29、30
- 橈骨茎状突起……37

な
- 内側半月板損傷……25
- 内転筋……46
- 内反捻挫……28
- 二次性徴期……10
- 猫の背中運動……51

は
- 背筋バランス……55
- バスケットボール……18、24、25、26、28
- ハムストリングス……38、44
- バレーボール……14、18、21、26、28、29、30
- 半月板損傷……25
- 反復性肩関節脱臼……22
- 膝崩れ……24
- 膝前十字靭帯損傷……24
- 疲労骨折……29、30、31、32
- フォーム……53
- 偏平足……20、31、56

や
- 野球……14、15、16、21、23、29、30
- 野球肘……8
- 野球肘（内側型）……15
- 野球肘（外側型）……16
- 腰椎椎間板ヘルニア……23
- 腰椎分離症……23、29、30

ら
- ラグビー……22、24
- ランナー膝……27、39
- 陸上競技疾走系……29
- 陸上競技長距離走……27
- 陸上競技跳躍系……26、29
- 離断性骨軟骨炎……17、28、37
- リトルリーグショルダー……8、14
- 冷却……58

わ
- 腕橈関節……37

A
- RICE……58

著者紹介

奥脇 透（おくわき とおる）

【略歴】

昭和34年	4月12日山梨県に生まれる
昭和53年	山梨県立吉田高等学校卒業
昭和59年	筑波大学医学専門学群卒業、筑波大学整形外科入局
	以後、筑波大学付属病院、水戸赤十字病院、日本赤十字社医療センター、筑波メディカルセンター病院に勤務
平成4年	茨城西南医療センター病院整形外科科長
平成7年	鹿屋体育大学保健管理センター助教授
平成12年1月	国立スポーツ科学センター設置準備室に勤務
平成13年4月	国立スポーツ科学センター スポーツ医学研究部 副主任研究員
	平成24年10月より国立スポーツ科学センターメディカルセンターと改称
平成27年4月	国立スポーツ科学センターメディカルセンター副センター長 主任研究員として現在に至る

＜現在の主な資格、役職＞

日本整形外科学会・専門医、日本体育協会・公認スポーツドクター
日本臨床スポーツ医学会・評議員、日本整形外科スポーツ医学会・理事
日本ラグビーフットボール協会・メディカルコミッティー委員
日本オリンピック委員会・医学サポート部会副部会長
全日本スキー連盟・情報医科学部部長
日本体操協会・体操マルチサポート委員会・ドクター部会部長

スポーツ障害

2016年9月1日　初版第2刷 発行

著　者	奥脇 透
発 行 人	松本 恒
発 行 所	株式会社　少年写真新聞社
	〒102-8232　東京都千代田区九段南4-7-16 市ヶ谷KTビルI
	TEL 03-3264-2624　FAX 03-5276-7785
	URL http://www.schoolpress.co.jp/
印 刷 所	大日本印刷株式会社

©Toru Okuwaki 2012 Printed in Japan
ISBN978-4-87981-439-5　C0047
NDC780

スタッフ　編集：松尾 由紀子　DTP：金子 恵美　校正：石井 理抄子　イラスト・表紙：井元 ひろい／編集長：野本 雅央

定価はカバーに表示してあります。本書を無断で複写・複製・転載・デジタルデータ化することを禁じます。
落丁・乱丁本は、お取り替えいたします。